The Mystery Method

How to Get Beautiful Women into Bed

by Mystery

口説きの教典

カリスマナンパ師“ミステリー”の恋愛メソッド

ミステリー[著]

赤平三千男[訳]　公家シンジ[監訳]

The Mystery Method : How to Get Beautiful Women into Bed
by Mystery with Chris Odom

Japanese translation published by arrangement with King Edward First Inc. c/o
The Agency Group, Ltd. through The English Agency(Japan)Ltd

俺は、人間の探究と理解に人生を捧ぐ。

ミステリーメソッドとは、
女性の心理という宇宙最大のミステリーを解き明かすための、
ささやかだが意欲的な試みである。

女性たちに本書を捧ぐ。

CONTENTS

前書き

「よお」

最初はいつもこうだ。すると、すぐに「よお」と返ってくる。

そのうち、誰かがこう言い出す。「あー疲れた」

「今日は出歩きたくないな」

「俺も」

始めはいつだって、体も、心も、頭もまともに動かない。だが、そのまま終わったためしはない。

「なあ、何か食べに行こうぜ」

「いいよ。軽いものにしよう。マジで疲れてるんだ」

「それはさっきも聞いた」

「にしても、この格好はやばいな」

「いま気づいたのか」

「うるさい」軽くパンチする。

駐車場に車を停めると、ちょうどそこを2人の女が通りすぎていった。おそらく大学生だ。俺たちは気づかないふりをしたが、ボディローションのピーチの残り香があたりを漂い続けている。それだけでも、俺たちには刺激的すぎた。まともにものを考えられなくなっていく。だんだん〝彼〟の唇に笑みが浮かび、頬に赤みが差し、目がいたずらっぽい光を帯び始めた。

「あの2人組《セット》はお前の？　それとも俺の？」彼が尋ねてくる。

「今夜はナンパしないもんだと思ってたが」

「俺もそのつもりだった。けど、あの子たちを見ろよ、なあ〝スタイル〟さんよ。彼女たちにお前が声をかけないなんて、みんなどう思うだろうな？」

「まあな。でもあのクソヤバいテクを編み出したのはお前だ、〝ミステリー〟。腕の見せどころだぜ。まだ衰えちゃいないいんだろう」

言い争っている間に、女たちはチャイニーズレストランへと消えていった。

「ああ、行っちまった。仕方ないな。寿司でも食いに行くか」

「好都合だろ。これでターゲットはしばらく動かない」

「オーケー、分かった。あっという間に終わらせてやるよ——お前のためにだ。くそったれ」

「2、3分したら俺もすぐ行くよ」

重たい足を引きずり、ゆっくりとチャイニーズレストランに入っていく。トイレに行くようなそぶりで、女たちの座るテーブルの横を通り過ぎる瞬間に突然向きを変える。深呼吸し、笑顔を作り、肩越しに振り返って、まるでたったいま思いついたかのように、さりげなく質問を投げかける。この本にはそういう質問が山ほど書かれているので、好きなものを使えばいい。

女たちの反応はまずまずといったところ。想定内だ。驚くにはあたらない。

次はその場から立ち去るふりをしつつ、またふと思いついたように何かしゃべったり、尋ねたりすれば、女たちも乗ってくる。そこで、入念に作りこんだ個性や、数カ月かけて練り上げた奇術《イリュージョン》、そのほか本書に掲載されているようなテクニックをエサにして引っかける。これが俺たちの基本戦略だ。これからは君の基本戦略でもある。

かかった。女たちが食いついてきた。ゲームとは結局、この瞬間がすべてだ。初対面の女２人にアプローチして、「ここにいてほしい」と思わせることができれば次へ進める。

もう１人が素知らぬ顔で近づいてくるのはそのときだ。テーブルに到着する前に、そいつがいかにすごい男かを話すと、女たちも賛同する。彼は数千回のアプローチ経験で身につけた鉄板のキャラで自己紹介し、そのまま２人で女たちのテーブルに着席するが、「少しの間しかここにいられない」と言う。この時間制限がカギ。これもよく使う手だ。

どうやら晩飯は中華になりそうだ。自分が何を食べるのか、それは俺たちの決めることではない。

ピーチのローションや落ち葉の香りの香水、バニラのベビーパウダーやコンディショナーのバラの香りに誘われて、流れに身を任せる。俺たちがやること、やるべきこととはそういうことだ。俺たちはただの男ではない――恋愛術家《ヴィーナシアン・アーティスト》なのだ。

女は退屈し、冒険を求めている。華やかで個性的な男からの「高い価値の提示《DHV》」、なごみを築く「ルーティーン」、「最後の抵抗《LMR》」のストーリーと二重誘導マッサージ、そして究極のオーガズムを望んでいる。俺たちが欲しているのは「女」というパワー、俺たちのガソリンだ。

もはや疲れてなどいない。目はギンギンに冴え、〝ゲーム〟にのめりこんでいる。これぞ人生、まさに生きるということだ。俺たちの天職はこの子たちを笑顔にすることで、その笑い声はまるで天上の音楽だ。その作曲法は本書から学べる。

そして俺たちは電話番号のメモを手に握らされると、その場から立ち去った。

これは実際にあった出来事だ。昔だったら、当日のうちに彼女たちを誘い出すか、あとですぐに電話をかけただろうが、あいにくいまの俺たちは忙しい。スケジュールはすでに女とのアポイントメントで埋めつくされている。

俺たちはあえてこういう込み入った面倒な生活をしている。バカげているし、世間の常識や男女の道徳、普通のロマンスといったものからあまりにかけ離れた振る舞いであることは承知のうえで、ドラマを楽しむ。毎回楽しいことばかりではないが、その経験も乗り越えて、また愛を求めて生きていく。

昔からずっとこんな生活をしてきたわけではない。かつては、成功も、ドラマみたいなシチュエーションも、愛も女もなかった。言うまでもないが、自由を謳歌していたという意味ではない。俺たちは「女とデートしたり、よろしくやっている男がこの世に存在する」という事実に身を焦がされる欲望の奴隷で、「持たざる者」だった。だから観察したのだ。彼らにあって、自分たちにないものとは何なのかを。

人は誰しもクリエイティブでありたいと願う。クリエイティブな人間というと、俳優や物書き、絵描きやミュージシャンを指すと思われがちだが、それだけではない。料理を作るのだって芸術だし、ボクシングもそうだ。

そして〝ミステリー〟の「ソーシャルダイナミクス」もまた芸術のひとつと言える。〝ミステリー〟は、まるでエリック・クラプトンがギターを奏でるように空間を紡ぎ出す――そう、ジミ・ヘンドリックスではなく、エリック・クラプトンだ。

俺自身はその道の達人《マスター》たちから「術」を学んだが、〝ミステリー〟はすべてのテクニックを独学で身につけた。何年間にもわたって人間の行動を研究し、「人付き合い」を図解、アルゴリズム、専門用語といったものにデータ化し、パズルのように自分の頭の中ではめこんでいった。そして、エリック・クラプトンがギターを奏でるように、美しく、丁寧に、すべてのピースを組み上げた。

いまの俺はもうクラプトンを聴くことはない。個人的に、クラプトンは過大評価されすぎているところがあると思う。だが〝ミステリー〟はまだ実力どおりの評価をされているとは言いがたい。いずれナンパが次世代のトレーニングとして認められる日がくれば、彼こそがマスターと呼ばれるに違いない。

〝ミステリー〟のナンパ術を見たあの日、俺の人生は一変した。孤独という病の治療法を知ったのだ。

ようこそ、新しいライフスタイルへ。おや、君はもう疲れているのかな？

ニール・〝スタイル〟・ストラウス［『ザ・ゲーム』（パンローリング刊）著者］

はじめに

恋愛術《ヴィーナス・アート》は人生を豊かにするものであって、それに定義はない
――ミステリー

いま、行動を起こさず、女を惹きつける方法も学ぼうとしないなら、君の遺伝子は自然界に容赦なく淘汰されるだろう。

俺がこれから言うことに少しは興味がわいただろうか。

いいだろう。女の気を惹くのは簡単ではない。そのことにはきっと同意いただけると思う。でなければ、そもそもこの本を手に取ることすらなかっただろう。まあ、生死に関わるだとか関わらないだとか言うまでもなく、女を惹きつけるっていうのはそれだけでもめちゃくちゃ楽しいのだが。

もし億万長者になりたいなら、金を貯めるのに効果的だと立証された戦略が必要だ。いい男に見られたいなら、効果が立証された体格改造の戦略が必要だ。そして、雑誌のカバーガールやプロモーションビデオに出演するような美女を落としたいなら本書の〝ミステリーメソッド〟こそ、効果の立証された戦略だ。このメソッドは俺が開発したものだから、やる気を持って本書どおりに実行してく

れれば、俺が君に個人レッスンをつけるも同然だ。

俺自身は自分をＰＵＡ（Pickup Artist ＝ナンパの達人）だなんて思っちゃいないし、そう思われたくもないが、俺がトップクラスの美女（いや、もちろん外見だけで女性を判断しているわけじゃないが）たちと付き合っていることは世界中の人間の知るところだし、あれこれ弁解するのはよそう。

平たく言えば、俺は「女を惹きつける方法」を身につけて、あんないい女をどうやって落としたのかと周りから聞かれるようになって、気をよくして秘訣を教え始めて、それを学んだやつらもあっという間に美女をモノにするようになったってことだ。

初めの数年間はあくまでも友人同士のプライベートなものでしかなかったが、それがやがてセミナーや〝実践の場〟での刺激的な体験型講座《ワークショップ》へと発展していった。男たちをクラブなどの出会いの場に連れ出し、女にどうアプローチすればいいのか、どうやって惹きつければいいのかを実地訓練した。世界中の数千人の男たちに、父親たちがけっして教えてくれなかったことを指導してきた。

こうして10年以上にわたって積み重ねてきたソーシャルダイナミクスの経験と、初対面の女をナンパする、いわゆる「コールドアプローチ」のスキルを君と分かち合えることをうれしく思う。本書の目的は君の能力を伸ばすこと。そしてそのプロセスを通じて、つらい欲求不満と孤独感から君を救いたい。恋愛術の達人への道をともに突き進もう。

愛をこめて。ミステリー（mystery@themysterymethod.com）

第1章　恋愛は学問である

「そういう知識」を受け入れようとする男子に、教師や親たちが重要性の高いテーマから教えるとすれば、ギリシャの哲学者や古代の神秘主義者、大統領や王様、軍人や将官を引き合いに出すことはないだろう。おそらく、史上最も完成され、成功をおさめた色男、ジャコモ・カサノヴァに注目するはずだ。

カサノヴァは１７２５年にイタリアのヴェネツィアで生まれ、１７９８年に死んだ。この数字それ自体はさほど重要ではない。重要なのは、カサノヴァは聖職者・兵士・バイオリニスト・マジシャンとしてヨーロッパ全土を旅し、その73年の生涯で１２２人の女と肉体関係を持ったということだ（自身の計算によれば）。18世紀のフランスで、これ以上の〝ゲーム〟を楽しんだ者はいない。

しかも、カサノヴァは誰でも見境なく口説きまくったわけではない。高い目標を持ち、ナンパするだけの価値がある女のみをベッドに誘った。それは、当時における最高の美人《パーフェクト・テン》か、それに近い女たちだ。モーツァルトの演奏会に来ている『スポーツ・イラストレイテッド』（アメリカのスポーツ週刊誌。セクシーなモデルを起用した水着特集号は発行部数が大幅に伸びると言われる）の水着モデルのような女だったかもしれない。彼女はパーティからパーティへと人々の間をさまよい、大きくはだけた胸元がフリルの扇で隠せているかちらりと視線で確認し、髪はおよそ１メートルの高さに複雑に結い上げている。彼女の社会的地位は最高位、つまり貴族だ。一見、王族を除いては誰にも手出しできない「美の極致」とも言える女ばかりだった。

もしカサノヴァが自伝（それ自体は現在も人気が高いが）だけではなく、セックスに至るまでの段階的で詳細なマニュアルを残していたとしたら、聖書に次いで――シェイクスピアの『ソネット集』や、リンカーンの『ゲティスバーグ演説』、トルストイ『戦争と平和』など相手にもならないほど、重宝される書物になっていたはずだ。

どんな男でも、美女を口説く秘訣を学べるならなんでもするだろう。想像してみてほしい。インド三大性典のひとつ『カーマ・スートラ』の魅力は時代を超越しているが、ただ魅惑的な体位が載っているだけでなく、美女を魅了する方法が書かれたマニュアルがあるとしたら、君はどう思うだろうか。

俺の名は〝ミステリー〟。そういうマニュアルを書き終えたばかりで、君がいま手にしている本がまさにそれだ。俺は世界最高のＰＵＡ《ピックアップアーティスト》として、現代のカサノヴァに最も近い存在といえる（もっとも、関係を持った女の数ではすでに彼を上回っているが）。

先代と同様に俺も女が大好きだ。男ならみんなそうだろうが、女という存在そのものに恋をしている。俺がほかの男と違うのは、ナンパをマスターしたことによって、その恋を必ず実らせる力があること。そういうわけで、君にもその方法をお教えしたいと思う。

美女を落とす恋愛術

学校のカリキュラムに「恋愛術《ヴィーナス・アート》」という項目はない。子供から少年、そして大人になるまで、先生が教えてくれることのなかった唯一の学科だ。まずはそれに向き合ってみよう。君が学校で代数を学んでいたころ、本当に知りたかった数字は、タイトなセーターを着た女の子のスリーサイズと、その子の電話番号ではなかったか。そういう数字こそ、本当に手に入れたいものだったはずだ。

不健康な人が健康になりたいなら、健康になるための手順《アルゴリズム》——例えば、新しい食事療法や運動療法を導入すべきだ。貧乏人が金持ちになりたいなら、金儲けのアルゴリズム、つまり新しい投資ポートフォリオを導入すべきだ。同じように、人間関係がうまくいっていないなら、うまくいくアルゴリズムを導入しよう。俺が編み出したものが、まさにそれだ。

俺のことは「先生」、この本のことは、人付き合いにおける行動パターンと自分の強みを見つけ出すための「教科書」だと思ってもらいたい。わがライフワークでもあるこの知識体系は、俗に「ソーシャルダイナミクス」と呼ばれ、ナンパにもうまく応用できる。

本書に書いたのは、男女関係なく誰とでも親しくなれる方法であって、ただのナンパ術だとかセックスができるというだけの技術ではない。だが、君の望みがセックスであるなら、まずはこれまで夢に描いてきた以上の素晴らしいセックスをしてもらおう。それも、カサノヴァのように、これまでずっと手が届かないと思ってきた美女たちを相手にするのだ。

カサノヴァの相手は貴族の女性だったが、君にとっては、一流のファッションモデル、あるいはプロアスリートや有名人と腕を組んでいるような女性、『プレイボーイ』や『マクシム』の誌面を飾る女性なんかがそれにあたるかもしれない。ミステリーメソッドのとおりにやれば、彼女たちだって落とせるようになるだろう。

求愛の科学を修得せよ

ミステリーメソッドでは「求愛」――つまり「ナンパ」が成功するまでのメカニズムを段階的に説明していく。「求愛」とはまたずいぶん古くさい言葉だと思ったかもしれないが、これのおかげで男はセックスができるのだ。

俺は数年間におよぶ研究と実験から、魅力的な女と出会ったときに踏むべきプロセスを解き明かした。このプロセスは他人に影響を及ぼす（「操る」ではない。そこには大きな違いがある）ために細部にわたって調整してある。本書が君の惹きつける力を目覚めさせるきっかけとなるだろう。

ミステリーメソッドで特に重要なのが「口説きよりも、まず惹きつけることを優先する」という概念だ。ただし、惹きつけることは重要だが、目的はそこではない。惹きつけたら次に、ターゲットとの間に心地よさ、つまり「なごみ」を築かなければならない（すぐに分かると思うが、この2つはセックスに到達するためにどちらも重要だ)。

「惹きつけて、なごみを築く」というプロセスをバーやレストランで何度も繰り返すことが、ホテルの部屋やベッドなどの最終目的地へとつながっていく。しかし「なごみ」を築くことができたら「口説き」をしなければ、セックスには到達できない。これが、試験と失敗を繰り返しながら、13年の時をかけて作り上げた「ミステリーメソッド」だ。

俺がナンパを始めたころ、こういうナンパのマニュアルみたいなものはなかった。ナンパ本を買ったり、ナンパセミナーに参加したり、ネットで「PUA」をグーグル検索してみるなどというぜいたくはできなかった。だから俺は、無知と欲望だけを手に、若い女がそこにいるというだけの理由で「現場《フィールド》」に出ていった。

まずは、注目を集めて他人に自分の存在を認めさせるための「アプローチ」のやり方を少しずつ学んでいった。すると、公共の場でいい女が1人でいることはめったにないということが分かってきた。だから、ミステリーメソッドが実践に耐え得る総合的なテクニックとして完成されるまでには、まずグループ全体にアプローチする方法や、そのほかのいろいろな技術を磨かなければならなかった。ナンパを始めたころに本書のようなマニュアルがあれば、あの苦しみや混乱を7年間も味わうことはなかったはずだ。

ミステリーメソッドは誕生以来、俺の親友たちの手によってどんどん修正が加えられている。彼らのほとんどはかつての弟子で、俺に追いつき、いまや偉大なPUAとなった。弟子が俺からテクニックを学んだように、俺もたくさんのことを教わったし、彼らが現場から得た洞察のおかげで俺のテクニックも向上した。

あらゆる自己改善の方法と同じく、ミステリーメソッドも絶えず改良され、変化している。それを利用する人々も変化しているので、つねに進化し続けていると言ってもいい。いつも最新のデータを反映するため、6カ月ごとにシステムをアップデートしている。すぐに改良点や新情報を知りたければ、www.venusianarts.com を見るといいだろう。

美女は7時間で口説ける

ミステリーメソッドのとおりにやれば、どれほど魅力的な高嶺の花だろうと、出会って4～10時間以内に文字どおり「口説き落とす」（つまりセックスする）ことができる。

ナンパに必要な時間は平均7時間。これを「7時間ルール」と呼ぶ。これは連続した7時間でもいいし、そうでなくてもかまわない。ただ、「口説く」ためには場所を変更する必要があり、いわゆる「時間の橋《タイムブリッジ》」（あとで別の場所でゲームを続けること）をかけるために、連絡先を交換して日程を調整する必要がある。詳細は後の章で述べよう。

どんな女も7時間で口説き落とす――どうすればそんなことができるのだろうか。

ミステリーメソッドは、男女の出会いからセックスまでに起こる、ごく自然なプロセスをもとに作られている。君がこれまでに聞き、読み、経験してきたあらゆるラブストーリーもこのパターンに当てはまる。だから即効性があるし、使えるのだ。

ミステリーメソッドが普遍の真理や出来事に共通する自然な流れに沿って作られている理由は、俺が自らの成功体験をさかのぼって考案したからにほかならない。つまり、まずは彼女を作ってみて、それから考えたのだ。「さて、俺はどうやって彼女を作ったんだっけ?」。これが求愛のプロセスを構成するいくつものモデルを理解し、解明するきっかけとなった。

なるほど。もしかしてこんなふうにお考えだろうか。「もちろん美女を惹きつけられるようになりたいし、仲良くなりたい。だけど、美女にアプローチしたってすぐ玉砕するに決まってる」

いいだろう。これから君にミステリーメソッドの最も驚くべき秘密を明かそう。

それは、ミステリーメソッドは人間の直感とは相容れない、これまで君が美女を惹きつけるのに有効だと信じてきたすべての行動の真逆をいく、というものだ。

女に自分のことを見てもらい、惹きつけたいと思うなら、まずは「単なるナンパ志願者の1人」と見なされてしまうような要素は排除しなければならない。でないと、ちょっとアプローチしただけで彼女を狙っていることはバレバレだし、実際に尻を追いまわしたりすれば、女は自分自身の価値の高さを自覚して、相対的に君の価値は低くなる。そうなればアプローチに失敗するだけでなく、いくら魅力的に振る舞おうとしてもうまくいかないだろう。

ミステリーメソッドを使えば、単なるナンパ志願者とはみなされずに、出会って最初の数分間で女の心をつかみ、高い価値を持つ男だと思わせることができる。

例えば、風変わりな服装をしてアピールする「ピーコック」や、ほかに女がいることを見せつけて嫉妬心を起こさせる「事前選択《プリセレクション》」、ターゲットの仲間たちが君を高評価していることによってターゲットからの評価も高める「社会的証明《ソーシャルプルーフ》」や、彼女のことを少し否定しているようにも思わせる微妙な発言「ネグ」など、自分自身の価値を高く見せるための方法について書いてある。それだけでなく、クラブのダンサー、バーテンダー、ホステス、モデルなど、容姿端麗でないと就けない職業の女たち――いわゆる「集客のための女たち《ハイヤード・ガンズ》」をナンパするための項目も入れた。

また、段階ごとに目標を達成していけるように、出会いからセックスまでの仕組みも書いてある。戦略を自分自身に合わせてアレンジし、よりよく作業を実践していけるように君をサポートするつもりだ。君を型にはまったPUAにすることは絶対に避けたい。

あるとき、ハリウッドで人気の寿司バーでスーパーモデルと居合わせたので、ミステリーメソッドを使ってナンパすることにした。彼女は7人の連れと一緒におり、会話できる時間は彼女たちが勘定をしている間の2、3分しかなさそうだった。俺はすかさず雑談を持ちかけ、単なるナンパ志願者と見なされる要素を排除し、価値の高さを示しつつ、彼女に関心を見せなかった。そのうちターゲットのグループは帰ることにしたようだったが、ターゲット自身は2人の友人とともに寿司バーに残った。

さらに「社会的証明《ソーシャルプルーフ》」のテクニックを使うため、隣にいた別の4人グループ（女2名、男2名）と親しくなり、男たちの敵意を和らげて戦意を喪失させると、男たちはすぐに席を離れていった。俺はそのグループの女2人を腕に抱きながらターゲットを再び惹きつけることにした。

今度はターゲットと2人の友人、3人が相手だ。この3人組に俺の相棒《ウィング》を紹介すると、ターゲットの友人2人と仲よくなって惹きつけておいてくれたので、ターゲットをグループから引き離して2人きりになることができた。そこからスキンシップ《キノ》で気分を高めてやれば、一丁上がり。

本書のテクニックを修得すれば、君もあっと驚くようなナンパができるようになるだろう。

最強PUA〝ミステリー〟誕生のいきさつ

俺なら君に一から教えてやれる。それはかつて自分のために一からやってきたことだからだ。信じられないかもしれないが、昔の俺はひどく内気だった。手品《マジック》に夢中になったのも、他人と関わるときに「マジシャン」という仮面をかぶれるからで、マジックを内向的な自分の隠れみのにしたかったのだ。そのマジックが、決まったセリフや行動をすること（ルーティーン）は、人の心に訴える大きな力を持つということを教えてくれた。

転機が訪れたのは10代後半、フロリダのクルーズ船でマジックショーをやるために旅に出たときのことだった。それまでレストランやラウンジで観客参加型のマジックをやって金もたくさん稼いでいたし、クルーズ船でのパフォーマンスにも不安はなかった。重要なのは、クルーズ船での経験からソーシャルダイナミクスの本質的な概念を理解できたということだ。

例えば、こういった状況で見知らぬ人たちのテーブルにただ近づいていって「どうも。マジックをご覧になりませんか？」などとしゃべりかけてはいけない。こうした場合のいちばん簡単な返答は「いえ、結構です」だからだ。そこで俺は、自分をよく見せるためにさまざまなテクニックを考え出さざるを得なかった。そうしなければ「ここにいてほしい」と思ってもらえない。

それからというもの、開発したテクニックを確実に身につけるために繰り返し使い、人を惹きつける技術をどんどん磨いていった。そのうち自分がすごい社交スキルを身につけたことに気づき、そのテクニックにはマジックという要素がなくても強く人に訴えかける力があるのではないかと思い至った。集団をとりこにするストーリー展開もどんどんうまくなり、それがいわゆる「ルーティーン」や「台本」の基礎となった。

「それでお前がうまくやったことはよく分かった。でも僕みたいなオタクの役には立たないね」だって？

それなら大丈夫、俺だってそうだった。実際、オタクには知的な人間も多い。ただ、その知性を人付き合いに活用してこなかったから、コミュニケーション能力が低く見えるだけなのだ。

問題を複雑にしているのは、一見この社会が混沌としているように見えることだろう。だが、こういうふうに考えてみてほしい。すべての人間は、洗練された行動システムが組み込まれた美しくエレガントな「生ける機械」であり、「生き延びる」チャンスと「子孫を残す」チャンスを最大化することを目指し、他人とパートナーになろうとする本能を刻み込まれているのだと。そうすれば、人類やその中で自分の置かれている立場も理解できるようになる。

また俺自身がオタクだっただけでなく、ほかのオタクたちにもミステリーメソッドを教えてきた。彼らはもはやオタクではないし、君だってそうなれる。恋愛術を生活習慣に取り入れ、実践して、ものにしていこう。そうすればナンパについていちいち考えることもなくなり、そのときになれば自然と行動できるようになる。本書を読み終えた君が次にやるべきこと、それは、ナンパとはなんたるかを理解した男たちとともに街に繰り出すこと。それだけだ。

さらに、もし君の認識――それが真実かどうかはともかく、自分の容姿に魅力がないという認識――によって女とうまく関係が築けないのなら、やはり本書が役立つだろう。

女の脳（魅力回路）はイケメンだとか、体格がいい男ではなく、社会的な価値が高い男を見つけ出すように作られている。オタクだとかハンサムだとかよりも、君がいわゆる「部族のリーダー」だとうまく伝えることのほうがよっぽど重要なのだ。

具体的に説明していこう。女の役割は「生き延びること」と「子孫を残すこと」だ。女の脳は、その目的を達成するために、それを手助けしてくれる相手と一緒にいたいと感じる仕組みになっている。当然、その相手は生き延びること（Survive）と子孫を残すこと（Replicate）に長けているほどいい。たとえジジイでデブでハゲだとしても、力のある「部族のリーダー」の男と一緒にいることによって、生き延びて子孫を残せる確率が大きく高まるだろう。

もっと現代風に言い換えてみようか。背中の曲がったジジイや、立ち上がるのにフォークリフトの要りそうなデブが美女の腰を抱いているのを見たことはないだろうか。それを見た俺たちは「あいつはクラブのオーナーか、マンションをたくさん持ってるんだろうな」と想像し、洗車の仕事をしているとは思わない。もし君がイケメンでないというなら、家族、地域社会、友達の輪の中で「部族のリーダー」になる方法を教えよう。時間はかかるかもしれないが、やるのだ。

また、オタクではないしブサイクなわけでもないが、内気だからナンパできないというのなら、それも心配ない。俺もそうだった。ミステリーメソッドの利点は、まず1つは人付き合いが楽しくなること、もう1つは「ルーティーン」や、準備しておいたツールを使って失敗を予防できることだ。人の心を読み取るスキルを学んで身につけていこう。

内気とは、ただ他人との交流に憶病というだけのことでしかない。もしそれを孤独だと感じたり、不愉快に思ったりするなら、それには理由がある。君は生き延びて（Survive）、子孫を残す（Replicate）機会を増やしたいという気持ちを、自ら高めようとしているのだ。

そういう感情は、Survive（S）とReplicate（R）の能力が高い人間――つまり「SR価値」の高い人間を見つけ出すために存在している。もしかすると今の君は、他人と自然に気持ちを通じ合わせる能力に欠けた「ロボット」になってしまっているのかもしれない。ミステリーメソッドによって、進化行動心理学と脳のしくみが分かれば、内気を克服して、人生を劇的に改善するヒントになるだろう。

さきほども述べたとおり、俺はすごく内気だった。だが数え切れないほどのアプローチを通じてたくさんの人々と出会い、あらゆるやりとりに自然な順序が存在していることに気づき、パターンを見つけた。それらを学んでいくほど心の準備ができ、不安も消えていった。君はこの本を読んで、自分にとって快適な方法を独自のペースで身につけて、人生を改善していけばいい。

さて、ようやくここでまた本章の要点に戻るとしよう。なぜ、俺は手本となる人物として、ドン・ファンではなく対照的なカサノヴァを選んだか。ドン・ファンは数千人の女と寝たことで有名だが（もしくは「悪名高い」だろうか。考え方しだいだが）、カサノヴァはたった１２２人と寝たにすぎない。それなのになぜ俺がカサノヴァを好み、今日ではその名が「誘惑」と同義となるほどになったのか。

その答えは「カサノヴァが選り好みをしたから」。それも、レベルの高い女ばかりを選んだ。一方ドン・ファンは架空の人物のうえ、どちらかといえば、ありとあらゆる女と見境なくセックスしたバスケットボール選手、ウィルト・チェンバレンに近い。

俺は、やろうと思えばもっと多くの女と関係を持つことだってできた。だがあえてその一部としか関係を持たなかった。俺は「イエス」よりも「ノー」を言うことのほうがはるかに多い人間なのだ。

それでは、ページをめくって一緒にナンパテクニック修得の旅に出ることにしよう。

第2章　進化の過程から恋愛を解き明かす

地球上のすべての生命体は、子孫を残すため進化していくように設計されている。子孫を残すことが、自然界で**生き残るための原動力**なのである。

生命体の目的を知る

人生における第1目的が「生き延びること」だとすると、2番目は「子孫を残すこと」だ。人間は自然淘汰によって子孫を残す方法を選び、遺伝的な変化が可能になった。ヘタクソなチームメイトのせいで活躍できない優秀なバスケットボール選手は、勝利を求めて弱小チームから逃げ出し、もっと優秀なチームに加わろうとする。同じように、優秀な遺伝子は劣った遺伝子仲間から逃げて、生き延びるために優れた遺伝子チームに加わろうとする。これを「異種交配」と呼ぶ。

何世代にもわたる異種交配を通じて、君（すなわち君の遺伝子）は、絶えず変化する自然環境や社会環境の変化に適応し、生き延びる確率を向上させてきた。子孫を残すということは、つまり遺伝子が存在を続けていくための手段なのだ。

現世における君の目的とは

君は「生ける機械」だ。その原動力は「生きること」と「愛すること」。シンプルだが、どちらも簡単ではない。異種交配を成功させるために、まずはしっかり認識してもらいたいことがある。それは「想像を超えるような医学の進歩でもないかぎり、誰だっていつかは死ぬ」ということだ。

質問：アメリカ人の平均寿命は何日だろうか（計算せずに直感で答えてみよう）。

A. 数万日
B. 数十万日
C. 数百万日
D. 数十億日

A、B、C、D、いずれかの答えを選ぶまで、先を読み進めるのは**禁止**。

答え：A．数万日。 厳密に言えば、わずか2万8251日（2002年、全米保険医療統計センター）。君には平均2万8251日の人生がある（もちろん、これほど長く生き残れる程度には賢明であることが前提だが）。もし100歳まで生きたとしても、たったの3万6500日でしかない。

君はたった2つのことだけを求められている。すなわち「生き延びること」と「子孫を残すこと」だ。人生の課題とは死ぬ前に子孫を残すこと。そのためにやるべきことは実に単純だ。

●集中力を磨き、どんどん学習を進めるべきであることを認識する。
●S（生存）と、R（繁殖）に役立つ戦略を他人から学び取る。
●学んだ知識を実際に使いこなせるように、実践を繰り返し、反射的に行動できるようにする。

生き延びるために役立つことはたくさんある。その1つは武術《マーシャル・アーツ》を学ぶこと。そして子孫を残すのに役立つ方法もある。それが恋愛術《ヴィーナス・アーツ》を学ぶことだ。

武術《マーシャル・アーツ》とは護身術のことで、「マーシャル」の語源は古代ローマにおける戦争の神マルスだ。戦争や軍人に関連する。恋愛術《ヴィーナス・アーツ》とは初対面の女をナンパし、親密な関係になる方法のこと。「ヴィーナス」とは金星、または古代ローマにおける愛と美の女神を指す。

武術と恋愛術――生き延び、子孫を残すための訓練

　戦いに勝つためには先制パンチをお見舞いするよりも重要なことがある。多くの武術家が言うように、生まれつき強い者がつねに勝つとはかぎらない。準備と訓練が生死を分けることもある。同じように、男女の関係をうまく始めるのにも、単なるルックスの良さ以上のものが求められる。どんなときでも対応できる適切なゲームプランがあるかどうかが、うまく子孫を残せるか、それとも遺伝子が容赦なく淘汰されてしまうかの決め手になるかもしれない。

　武術と恋愛術は正反対にあるように見えるが、似たところもある。この2つはどちらも、他人との関係を前提とした訓練であり、多くの人にとって、生きるうえで当たり前のことでもある（**図1**）。それぞれ精神的な成長が身体にも表れてくる。

　違うところは、武術では人との交流を避けたほうがいい場合もあるが、恋愛術では人との交流が成功への前提条件となることだ。

　ブルース・リーの戦闘スタイルである截拳道《ジークンドー》は武術、そして俺が考案したミステリーメソッドは恋愛術だ。ブルース・リーは伝説的な武道家だが、そのことはあくまでも彼の偉大なる人生の一部でしかなく、それ以上に多大な功績を残した人物であることはご存知のとおり。今日では偉大な俳優、指導者、教師、父親として、ただの武術家以上の評価を得ている。そしてまた、恋愛術家としても非

図１　武術と恋愛術はどちらも必要

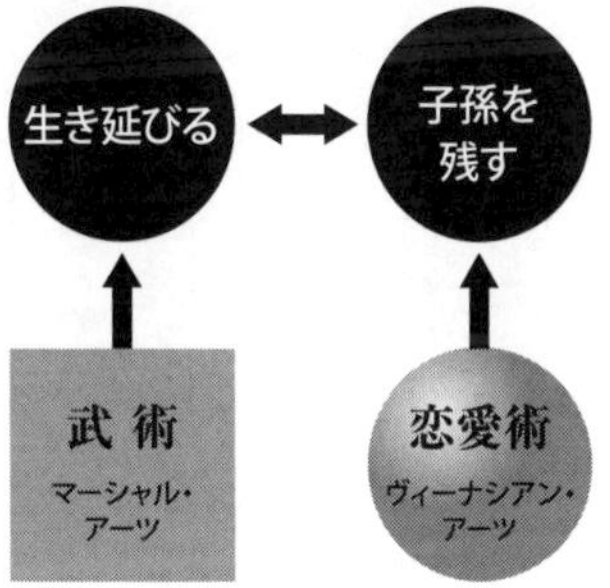

常に優れた男だった。

人間に備わる「人付き合いの恒常性」を知る

人間をはじめとする社会生活を営む動物はすべて、利害関係から生じる矛盾と絶え間ない圧力の下で生きている。つまり、他人から自分を守りつつ、他人と助け合うこともある。この利害関係のバランスがうまく取れていれば、結果的に人付き合いは**恒常性**（正常な状態であろうとする現象）が保たれていると言える。

例えば、男も女も、過保護に育てられて家の中に引きこもっていたら子孫は残せない。逆にものすごく世間知らずで、自分と愛する人にほかの異性が接近してきても何の不安も抱かないのであれば、恋愛術など必要ない。つまり、保守性や協調性が極端に高すぎたり低すぎたりすると、人付き合いの恒常性は失われ、生き延びて子孫を残せる確率が低くなるのだ。

まず、われわれを「恒常性」へと突き動かしているものは何なのか考えてみよう。人間と類人猿を区別するのは、大脳皮質と呼ばれる厚さ3ミリの複雑な灰白質だ。これは自然淘汰を経た進化によって、君に豊かな感情表現をさせて、生存と繁殖のどちらにも貢献するように設計されている。「感情」は人間を行動に駆り立てる源となり、進化にとって有効な戦略を実行し、生存と繁殖のバランスが取れた状態を維持する方向へ向かわせようとする。

感情表現は、人口の爆発的増加によって近年ますます重要になってきた。現代社会では、いまだかつてないほど賢く人付き合いをしなければならない。いまやこの地球上において、人間にとっての最大の脅威とは、人を襲う獣や荒れ狂う激流ではなく、人生というゲームで他人をやっつけようとする同じ人間なのだ。

「他人とのかかわり」は、生きていくうえで川や木のように当たり前に存在する環境的要素である。人間は感情の回路を次第に洗練させながら、人生というゲームの中に存在する未知の領域に適応し、進化を続けてきた。感情の回路は、人付き合いにおいて恒常性が保てなくなってしまったときに、本来あるべき状態へと押し戻そうとしてくれるのだ。

「生ける機械」の実態

先ほども述べたように、君は生ける機械だ。想像以上に洗練されているし、複雑に作られている。だがそれでもモデルとしては時代遅れだ。

君はいま自分が住む世界に合わせて設計されているわけではない。

自然環境は過去10万年かそこらの間ほとんど変化がない。昔も現在と同じように空は青く、木々は緑で、晴れたり、曇ったり、雨が降ったりしていた。劇的に変化したのは社会環境だ。現代はテクノロジーや医療科学の技術革新によって、かつてない人口爆発のまっただ中にある。これほどたくさんの人間が存在するのは地球史上でも初めてと言える。

この原稿の執筆時点で、地球上にはおよそ64億５０００万人が存在する。専門家の予測によればあとわずか30年で１００億人近くになる（２００４年、アメリカ国勢調査局人口部門）。俺が生まれた１９７０年当時の地球には40億人しかいなかった。１７００年代半ばのカサノヴァ前後の時代には７億５０００万人、さらに数千年前にはわずか３０００万人と、現在のカリフォルニア州の人口を下回っていた。さらにさかのぼって12万年前の地球上には１～４万人しか存在しなかった。

生存と繁殖の戦いは、劇的に変化し続ける社会環境の中で行われる。人類の出現以降、人間同士の争いはますます激化し、生き延びて子孫を残すという課題にさらされ続けている。

物理的な適合はつねに環境の変化に合わせて起きる。まず物質世界が変化し、それからやっと人体が適合し始めるという順番だ。われわれは狩りが得意な者、物を集めるのが得意な者、それぞれが助け合う小さな群れを作って生活するように進化してきたが、現在は多くの人間が何百万人もの人であふれる都市に住む。それは人間がほかの動物とは異なり、文化（道具、言語など）の発達によってコミュニケーションや衣食住などの物理的な制約から解放されたからこそ可能になったことだ。

こうした新しい社会環境の変化に対して、いまだ自然界（子孫を残すのに重要な行動や感情なども含めて）は再調整が追いついていない。それを踏まえて、人生の課題について検討していこう。

ホモサピエンスがほかの霊長類から決定的な分化をとげたのは今から4～6万年前の先史時代のこと。つまり人類がもっとも適合しているのは、現代ではなく当時の環境なのだ。君は大昔に死に絶えた社会構造に向けて設計された「時の囚人」と言える。バーガーキングで食事をし、飛行機に乗り、ネットサーフィンもするが、その遺伝情報は、洞穴に住み、槍を持ち、腰にライオンの皮を巻いて食糧を追い求めていた時代の男とさほど変わっていない。

生存と繁殖の価値——SとR

生き延びて子孫を残すよう設計されているのは君だけではない。人間は女も含めた全員が基本的に同じ本能を持ち、個々の生存や繁殖の確率を高めてくれるような、自分に利益をもたらしてくれる他人とつながりを持とうとする。他人の魅力を判断するための「魅力回路」は、他人のSR価値をはかる「審査員」と言っていい。

どの人間にも、社会的な価値が低い人間との関わりを避けようとする仕組みが備わっている。逆に、SR価値が高い人々と肉体的・非肉体的を問わず積極的につながりを持てば、生き延びて子孫を残せる可能性が高まる。例えば無一文になったときに金を貸してくれる金持ちの友人、パーティに連れ出してくれる社会的地位の高い知人、ゴロツキから守ってくれる友人、君と肉体関係にある健康な女性、そして、そういう女性をナンパする方法を教えてくれる先生などがそれにあたる。そういう人は社会的に高い価値を持つとされ、彼らと関係を持てる方法を探ろうとするように本能に組み込まれている。

自分を支援してくれるように他人に働きかけることで、SR価値を提供してもらうことはできるが、過剰に取りすぎれば、彼らの生き延びて子孫を残す機会を減らすことになる。公平な取引として、こちらも相手の機会を増やすための努力をしなければならない。女が君とのセックスに合意するというのは、つまり「彼女は、君の持つ価値と交換で、彼女の持つ子孫を残す価値の提供に合意した」ということだ。こういったフェアな関係は長続きしやすい。

男が患う「アプローチ恐怖症」の秘密

考えたことがあるだろうか。なぜ子孫を残す価値のある女とセックスしたくなると同時に、逃げ出したい衝動にも駆られるのか。この習性は非論理的で非生産的だ。拒絶されたって実際に損害が生じることはほとんどないのに、気持ちのうえでは、拒絶されたつらさを数時間か数週間、あるいは数カ月にわたって引きずることもある。この恐怖を**アプローチ恐怖症**と呼ぶ。

報復への不安

アプローチ恐怖症の原因は、「ターゲットは彼氏持ちかもしれない」という可能性にある。実は、それが自分の幸せや生存に深く関わっているのだ。

例えば、部族生活時代にある女をナンパしたとしよう。その女の彼氏に忠実な友人がいれば、彼氏は女を奪われないように、友人たちと結託して君を殺して、肉食動物のエサにしようとするかもしれない。

拒絶への不安

アプローチ恐怖症を理解するには、われわれがこういうふうに設計された理由、つまり古代の生活環境について知っておく必要があるだろう。

部族生活時代には、どの部族でも少数の選ばれし女のみが子孫を残すことができた。もしその中の1人にアプローチしたときにうっかりSR価値が低い男だと思われてしまった場合、そのうわさは最終的に女全員の知るところとなり、誰からもSR価値があるとは思ってもらえなくなった男の遺伝子はこの世から消え去っていったのだ。

現在の社会的な圧力の原因は、このように人類の過去をかなりさかのぼってみなければ分からない。われわれは自らの社会的な価値を守るために、繊細な心の仕組みを進化させてきた。

現代は法律によって社会の秩序が保たれており、ある程度は報復と拒絶から守られている。にもか

図２　マズローの欲求段階説

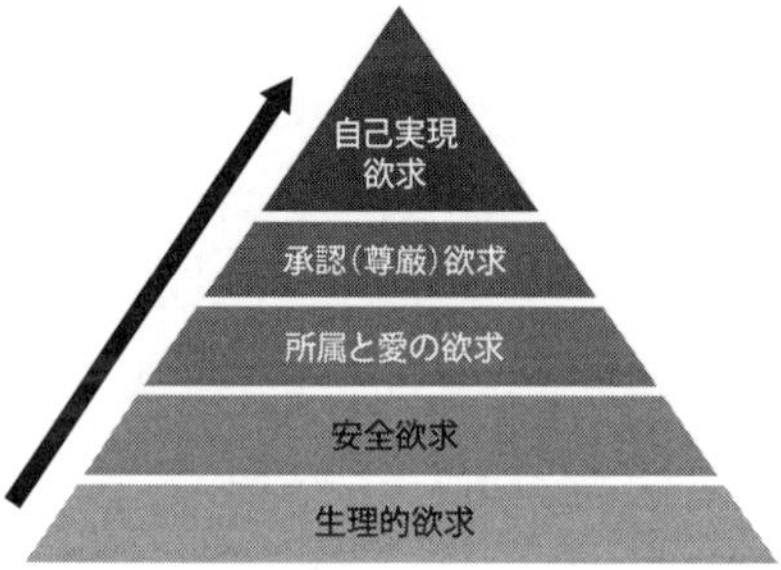

かわらず、多くの偉大なＰＵＡたちも「初対面の女にアプローチするときの不安がなくなることはない」と言う。それは、その不安が脳に生まれつき備わっているものだからだ。つまり、自信を持とうとするのではなく、能力を持つことが大事なのだ。

マズローの欲求段階説と人間の魅力

人間である以上、誰しも欲求があり、欲求には**段階**がある。君も、君のターゲットも「欲求を達成したい」という感情を持っており、それがすべての行動に直接的・間接的に影響する。

生理学者アブラハム・マズローが確立した「欲求段階説」によれば、人間の行動は満たされていない欲求によって動機づけされている。階層形式で表した場合、高位の欲求の前に、低位の欲求が満たされる必要があるという（**図２**）。

例えば、サンドイッチでのどが詰まっているときには愛よりも酸素が欲しくなるだろう。誰からも愛されていないのは最悪の状態かもしれないが、それでいますぐに死んだりはしない。

●**生理的欲求**：空気、水、食料、暖かさ、睡眠、セックスなどの最も基本的な欲求。
●**安全欲求**：現代においては、混沌とした世界で安定と調和を確立すること。
●**所属と愛の欲求**：どこかに所属していたいという欲求。人は、他人に愛され、受け入れられることを望む。
●**承認（尊厳）欲求**：この感情は内面から来るもので、自分が能力を身につけたときや、課題をやり遂げたときに生まれる。人に注目されたい、人から認められたい、社会的地位が欲しいといった思いは、承認の欲求から生じるものではない。
●**自己実現欲求**：人間はなれるものすべてになりたがる。低階層の欲求を満たした人たちは、潜在能力を最大限に生かすことができる。

愛・富・健康が幸福をもたらす

欲求と、極めて進化した感情システムの両方を満足させ、人生の目的を実現するには、「愛」「富」「健康」という3つの重要な分野に注目しよう。これら3つの分野のいずかで成功するたび、幸福を感じられる。

この単純なモデルはユダヤ教の創造論「カバラ」と同じくらい古くからあり、この3分野で成功することが、生き延びて子孫を残す保証となる。

●**健康**：体力面と精神面、両方のこと。健康を維持するには、有効性が実証された方法か計画が必要。

●**富**：健康と人間関係を維持する助けとなる。頭上には屋根、身体には衣服、胃の中には食料が必要だ。衣食住が満たされることは、生き延びて子孫を残すために有効。アパートメントがあれば雨に濡れず暖かくいられるし、セックスのためのプライベートな場所になる。車があれば、金を稼ぐだけでなく行動範囲が広がって恋愛のチャンスをより多くつかめる。また、スポーツジムの会員になったり、きちんとした服装をし、クラブやレストランへ行くのにも金がかかる。経済的に自立し、恋愛というゲームの資金を調達するには、有効性が実証されている蓄財プランが必要。

●**愛**：おもに恋愛関係を指すが、友人、家族、会社の同僚などの人間関係も影響する可能性がある。恋愛で成功したいのなら、恋愛以外の人間関係についても学ぼう。

どの分野も維持・改善できるし、無視もできる。３分野の成功レベルを１～10までの数字でランクづけしてみよう。10点を取れた分野はそのまま維持していけばいいが、10点未満の分野は向上させる方法を考え出そう。

各分野はほかの2つの分野とも密接に結びついている（**図3**）。もし1つの分野を無視し続けて、格づけが低下しすぎれば、やがて人生全体の質も低下していくだろう。

1つの分野での成功はほかの2つにもいい影響を与えるし、ある分野を改善するには、まず別の分野を改善しなければならない場合もある。富と健康を維持・改善することによって、愛が成就する可能性もある。

健康で、貧しくなく、活動的な人は、社会的に見ても子孫を残す価値が高いため、周囲の人々とつながりを持ちやすくなり、彼らを惹きつける可能性も高くなる。

一方、いずれか1つでも無視すれば、ほかの2つにも悪影響が出るだろう。いずれかの分野を無視し続けた場合、すぐに2つ目の分野に悪影響が及び、やがて3つ目にも及ぶ。

こうした負の連鎖のことをスパイラルと呼ぶ。スパイラルが抑えきれなくなると、人生の重大局面で障害となる。俺はこの失望のスパイラルに陥った人々をたくさん見てきた。大きな挫折（病気、貧困、孤独）につながる可能性の高い負のスパイラルを防止するためには、3つの分野に対して平等に手間をかけることが大事だ。

健康をおろそかにした場合に起きること：富があって愛（人間関係）でも成功しているのに、精神的・身体的な健康が欠けていれば、生産性や体力の低下によって富や人間関係での成功もやがて先細りしていく。また、自分自身を大事にしない人が他人から大事にされることはないし、

図３　人生の目的を実現する３つの重要分野

不健康な人は魅力がない。

富をおろそかにした場合に起きること：健康と愛（人間関係）で成功しているのに、富でうまくいかないと、愛を持続させる金銭（例えばレストランの支払いなど）や、健康を維持するもの（栄養のある食べ物、健康的に運動できる環境や器具など）が足りなくなる。コンドミニアムに大きなベッドがあれば、両親と同居する家のソファよりもよく眠れる（健康）だけでなく、女を誘い込む場所（愛）にもなる。

愛（人間関係）をおろそかにした場合に起きること：健康で富もあるのに、愛（人間関係）でうまくいかないと、寂しさで自尊心（心の健康）が傷つく。またビジネスで新たな人と接触してネットワークを作ったり一緒に行動するのも苦になり、財産形成にも影響が出て、蓄財もうまくいかなくなる。

３つの分野すべてを維持・改善していくと同時に、それぞれのバランスも考慮する必要がある。もし〝ゲーム〟でいい結果が得られない場合は、社会生活、健康や運動量、職業を見直してみてほしい。

まとめ

●生命体の究極の目的は「生き延びること」。
●2番目の目的は、死ぬ前に「子孫を残すこと」。君はいつか死ぬ。その前に、遺伝子を次の世代に伝えなければならない。
●人間の平均寿命はちょうど2万8251日。究極の目的を達成するには、生き延びて子孫を残すのに有効な方法を見極め、自然と実行できるように練習することだ。
●武術は鍛錬で上達し、一度身につければ生き延びる確率が高まる。恋愛術も鍛錬で上達し、一度身につければ子孫を残す確率が高まる。
●人付き合いの恒常性は絶えず変化し、「自分を他人から守ろうとする気持ち」と、「他人とつながろうとする気持ち」の間でバランスを取ろうとしている。
●人間の感情の回路は、何万年も前の環境や先史時代の社会に基づく「生き延びること」と「子孫を残すこと」に最も適合するように設計されている。この回路によって、人はセックスの決断をする。
●他人とつながりを持つことで、生存と繁殖の可能性が高まりやすい。
●古代には、女へのアプローチによって男の安全がおびやかされる不安があった。そのため、現在もなお男はアプローチのときに大きなリスクを負っている気分になる。これを「アプローチ恐怖症」と呼ぶ。

●ほかの女から事前選択《プリセレクション》されている男は、女にとってますます魅力的に見える。

●生理的欲求、安全の欲求、所属と愛の欲求など、すべての人間の欲求には段階があり、それらを満たす必要がある。「感情」は、こういった欲求を満たす行動をするように設計されている。

●健康、富、愛という３つの重要な分野に注目しよう。いずれか１つが不足すると、ほかの２つにも問題が発生する。

第3章　女とはどういう生き物なのか

女は感情の生き物

行動の決め手としてよく持ち出されるのは「論理」や「理由」だが、男女ともに、「論理」よりも「感情」に説得力を感じて行動することが多い。事を起こしたあと、そのときの感情的な行動を直感から正当化することもよくある。

だが、女にとって「感情」は、男のそれよりもはるかに深く広い意味を持っている。女の魅力回路は男の容姿よりも社会的な価値（生き延びるのに有利になる能力）のほうに惹きつけられるため、感情が思考と行動の中心となっているのだ。

実際、女は自分を正当化するためによく感情を持ち出すし、女にとっては、それがそのとおりだと「感じた」というだけで理由としてはもう十分だ。女は、相手の社会的な価値を計る方法として行動システムの中でも論理に左右されない「感情」を、何よりも重要な人付き合い上の決め手とする。したがって次のことに注意してほしい。

①説得しようとしない

論理的な方法で女を説得したり、議論したり、引き込んだりしようとしてもムダだ。女は、本人が好きだと思っていたり、「好き」と言っているものさえ、本当に好きとはかぎらない生き物だ。

②感情を刺激しよう

女に対しては理性的な会話ではなく、感情の刺激を利用しよう。異性として興味を持っているということを示し、「この気持ちは間違っていない」と感じさせれば、女はこれから起ころうとしていることに対して言い訳できるようになる。女は君とセックスすべきでない理由を山ほど思いつくかもしれないが、自分がなぜセックスしたのかという理由も同じくらい思いつくだろう。

③けっして無関心にさせるな

女は、興奮したり感情的なときの自分がいかに説得されやすいかを知っている。したがって、男に対して信頼や安全を感じられないとき（つまり、声をかけてきた男が高いSR価値をうまく示していない場合）の防衛手段は、無関心になることだ。価値の低い男がいくら女の感情に影響を与えようとしても逆効果になる。

女の感情を惹きつけて揺さぶることは、たとえそれが欲求不満や嫉妬などの「悪い」感情だとしても、まったく揺さぶらないよりはましだ。女に「良い」感情を与えると同時に、「悪い」感情もひたすら避けようとするのではなく、与えてみよう。好奇心、魅惑、親しみ、怒り、確認、笑い、困惑、幸福、悲しみ、不安など、あらゆる感情を刺激しよう。刺激を受ければ受けるほど、女にとってその経験がますます大きな説得力となる。

女の直感は分析に勝る

女は、相手が誠実かどうか見極めたいとき、もし相手がつじつまの合わないことを言ったとしても、論理では判断しない。相手の話と行動が一致しているかどうかを見ている。分析よりも直感に従うのだ。

また、女は言葉の裏に潜む「本当の意味」を読み取ろうとする。例えば君が「俺の友達がね……」と言って話しても、君自身の話だと考えるかもしれない。この能力を「女の勘」という。

ピーコックセオリー

オスのクジャク《ピーコック》のお尻にくっついている長く厄介な尾羽は、生存能力が高い証拠（クジャクのメスが子孫に望むもの）だ。そのことから、男が目立つ服を着ることを「**ピーコック**」するという。

ピーコックすると他人から注目を浴びる。もし君がピーコックしたら、女はチラチラ見てくるし、価値の低い男は陰で嘲笑してくるだろう。このとき、普段なら経験することのないような大きな社会的圧力が君にかかってくる。

だがそれすらも逆手に取って利用すればいい。君がこの手の社会的圧力に慣れているか、そういうものに影響を受けない男であると人々が気づいたとき、一段と高い価値が示されるのだ。

たとえ流行らない服を着ていたとしても、君はこの世の中で生き延びていける。女は「うわぁ、あのダサ男、まだここにいる気？」と思うと同時に、「（それでも生きていけるんだ）」と、そのことを社会的な優位だと感じる。

重要なのは、ピーコックしたときのイメージと君の個性を調和させることだ。例えば、シルクハットをかぶりフェザーボアを首に巻いた男が、両腕に美女を抱いて笑顔の友人に囲まれていれば「大物」に見える。部屋中の全員が彼に注目し、女たちは互いに耳打ちし、彼と話してみたいと思う。だが、同じ男が同じ服装で部屋の片隅に1人で座っていたら、ただの社会不適合者にしか見えない。

またピーコックは、オリジナリティがあり、高い社会的価値を示す、権力がありそうな格好でなければならない。でなければ効果がないどころか、むしろマイナスになるかもしれない。9点の服装をした男は大物に見えるが、男2人が似たような服でめかし込んでいたらゲイだと思われる。

そういうわけで、俺はロックスター風の格好をするが、友人たちはただクールな格好——新品のブーツ、奇妙な形のチェーン、背中にスプレーペイントのハデなイラストが描かれた新品のジャケットなど――をするようにしている。

いきなりシルクハットをかぶったりする必要はないが、先ほどの友人の例にもあるように、注目を集めて好奇心をそそるようなアイテムを少なくとも1つは身につけておこう。それは女を釘づけにしておく小道具、いわゆる「ロックインプロップ」としても使える（詳しくは後ほど）。

さらに、そうすることで女が会話を始めたいと思ったときにも何かしらのコメントをしやすくさせる（うまくいくかはさておき）。

例えば、女に話しかけたとしよう。ちょうどリラックスしてきたところで、女が突然「それ、いいネックレスね」などと言い出すかもしれない。このように、目立つアイテムを身に着けることで女に君と意思疎通を続けるための「**説得力のある理由**」を与えられる。つまり女は「これから起こるかもしれない何か」に対する責任を「君に」預けた状態にできるのだ。

女たちは何度も俺のところに来て、そのメガネが好きだとか嫌いだとか言ってくるので、俺は「いや、違うね。君は俺のことが気になってるんだろ」と答えるようにしている。

「社会的評価《ソーシャルプルーフ》」の重要性

女が「ところで、何をしている人なの？」「あなたの友達はどこ？」「どこを卒業したの？」「彼は誰？」と男に尋ねるのを聞いたことがあるだろう。さまざまな種類の社会的な格づけは、人々――特に女にとっては大きな関心事だ。

格付けには、職業、その中でどのランクに位置しているのか、社会的な地位、評判、社会的・肉体的な人間関係も含まれる。これらの質問は、女にとって君が十分なSR価値を持つ男かどうかの判断材料になる。

口の堅さは美徳だ――「ここじゃいや」と言われたら、「分かった」と答えろ

女にとって「評判」は、自らの社会的地位に大きな影響を与える。バカンス中の女とであれば比較的簡単にベッドインできるのは、女は「このことは社会的に重大な事態にならない」と確信していれば、火遊びを楽しむ可能性が高いからだ。女は、**口を慎む**ことの重要性を理解し、実行する男を好ましく思う。

女の許可を得たうえで、しかもそうすることによって女の社会的な地位が正当に高まるとき以外は、2人の性体験についておおっぴらに自慢しないこと。もし何の配慮もせずに吹聴すれば、結局は本人にもバレるし、それを聞いたほかの女も、君と肉体関係を持てば今後の人付き合いに影響するかもしれないと考えて警戒するようになるだろう。もし女から電話番号を教えてもらったとしても、友人に駆け寄ってハイタッチなんかして目立つのは厳禁だ。

「軽い女」にならないための防御策――「尻軽」は競争相手の価値を下げるために女が女に使う言葉だ

女には強力な妨害メカニズムがある。PUAには、**尻軽と思わせないための防御、つまり「軽い女じゃないアピール」（The Anti-Slut Defence／ASD）」**として知られている。

女は他人から尻軽だと思われたくないだけでなく、自分自身を尻軽だと感じることも嫌がる。そこで、自分が尻軽だと感じてしまうような出来事を回避するためのメカニズムとして、極めて優れた「軽い女じゃないアピール《ASD》」の回路が働くのだ。

他人が近くにいるということは、それだけで、君がいまキスしようとしている女の行動に影響を与えるかもしれないことを頭に入れておこう。

「それらしい理由」がいる

ナンパされている最中の女は、これから自分と相手との間に何かが起きるとして、それが自分自身の責任となる可能性のあることはまずやりたがらない。程度がどうあれ、自分が責任を感じるようなことに対しては「軽い女じゃないアピール《ASD》」が発動する。

そのため女は説得力のある「**それらしい理由**」を必要としている。「俺の家に行ってセックスしよう」と言われたら、女はたとえ「イエス」と言いたくても「ノー」と言わざるを得ない。「イエス」と言えば、これから起こるであろう事態に自分も責任を負うはめになる。そんなの絶対にお断りなのだ。

だが「パーティに行く前に俺の家に寄ろう。熱帯魚を見せてあげたいんだ」と言われれば、君の家に寄って、それからセックスをする「それらしい理由」が手に入る（「なんていうか、トントン拍子に事が進んじゃって……」というような）。

だから「運命」というのはロマンティックなのだ。結局そうなる運命だったのなら、女が自分を責める必要などどこにもない。こういう「運命」を否定する女はいない。

勇気を持ってことに当たれ

「勇気」とは「主体的であろうとする度胸」という意味だ。恋愛術家はつねに主導権を握っていなければならない。これは絶対だ。

これから起ころうとしていることに対して、女は責任を負おうとしない。例えば、〝ゲーム〟の序盤は楽しい状態をキープしなければならないが、君がおもしろい話題へ誘導しなければ、女が思わず自分のつまらない話を始めるかもしれない。そしてもし退屈だと感じれば、それを君のせいにするだろう。

会話をリードする責任は男が負うなんて不公平だと思うかもしれないが、そうしなければ女は手に入らない。君といても退屈で、ほかの男といればワクワクするなら、君のために時間を費やす理由などないのだ。

とにかく実行あるのみ。女との出来事には君が全責任を負う。女との関係が変化していけば、段階ごとに目的を達成し、気分を高め、場所を変え、2人でいる瞬間を共有し、はぐくみ、たとえ予想外のことが起きても勇気を持って次の段階へ女を導いていくこと。それが君の役目だ（次章で、それを段階的に行う方法を教える）。女がつまらないとか退屈だとか感じているなら、それは君の責任だ。

粘り強く接しよう

女たちは君の自信のほどを許ろうとして、すぐにあきらめるかどうか「試して」くる。当たり前だが、「粘り強く接する」ことを「懇願する」「文句を言う」「強引に迫る」などと取り違えて、がっついたり気持ち悪い行動を取らないよう注意してほしい。「粘り強く接する」というのは、つまり「簡単にあきらめない」ということだ。

女がちょっとした「見せかけの抵抗」を続けているとしよう。彼女としては、少しも抵抗しなければ自分が尻軽のような気がするので、無抵抗ということはあり得ない。同時に、自分のちょっとした抵抗ぐらいで打ちのめされるような男に、私を守ることなんてできやしないとも思うだろう。

ここの判断はちょっと難しいかもしれない。あまりにも自分に都合よく考えすぎる男は、すべての抵抗を形だけのものと勘違いして強姦などの犯罪に発展しかねない。一方で、粘り強さが足りない男は、女が抵抗するたびにその抵抗にしぶしぶ従うが、女は多くの場合、もうちょっと強引になってほしいとひそかに思っているものなのだ。

女がしかける「適正テスト」

女の感情における最優先事項は「安全と保障」。何よりもまず安全で、守られていると感じさせてくれることを望んでいる。男に「私とその子孫をきちんとサポートして守ってくれる?」と尋ねれば正直に答えてもらえるというのなら女にとっては都合がいいだろうが、当然、男はセックスをしたいがためにウソをつく。そこで女は男をテストするのだ。

覚えておいてほしいのは、テストは慎重ではないケースも多いということ。女はこのテストを必ずしも意識的に実施するわけではない。感覚的に知っている一定のテスト方法を無意識のうちに行っていることもある。君の反応に自分が惹きつけられるかどうかを見るのだ。これを「**適正テスト**」という。

君を将来のパートナー候補と見なしたら、女はテストしてくるだろう。女は価値の低い男にはテストをするどころか、返事もせずにさっさと立ち去ろうとする。つまり、このようなテストをしてくること自体が一種の「**脈ありサイン(Indicator Of Interest/IOI)**」と見ていい。

適正テストに正しく回答できれば女はすっかり夢中になるが、失敗したら女をモノにできる可能性は低くなる(テストの必勝法については第7章)。諸刃の剣だ。

愛想を振りまくのはムダ

女は君の限界を試してくる。次々とテストを出されても抵抗し、簡単に屈しなければ、頼もしい男だと思われる。それこそが彼女の求めていることだ。抵抗しなければ、女は君をさんざん痛めつけたあとで、ほかの男のもとへ行くだろう。

当然だが、女に負かされるような男のことを尊敬できるわけがない。したがって君が屈してしまうことは彼女にとっては期待外れなのだが、同時に、自分の持つ力に安心もできる。それはそれで気分がいいので、男が言うことを聞けば褒めてやったりして、服従にご褒美を与えたりもする。「よしよし、いい子ね」というわけだ。

これは**愛想を振りまくだけではセックスはできないという教訓だ**。美女に「ヒュウ」と口笛を吹けば、彼女のプライドが満たされることはあっても、口笛を吹いた男とセックスすることはない。

「投資」させろ

君はそれなりにSR価値の高い魅力的な男かもしれないが、同じくらい魅力的な別の男が明日いきなり現れるかもしれない。

女は、君に惹かれ、いちゃつきたいと思った瞬間に、今後もこの男と連絡を取ろうと決めて、電話番号を伝えてくる。ただし君と離ればなれになったとたん、記憶はゆっくりと色あせて、新たな恋を見つけるだろう。

つまり、ただ惹きつけただけでは不十分なのだ。女と別れる前に、君との付き合いに「**投資**」させるようにしよう。女は付き合いに投資すればするほど、投資に対するリターンを得ようとする気持ちが強くなる。

一緒に過ごす時間が多いほど、女が君に費やす金額も増える。君から注目や承認を得ようと女が努力するほど、感情的・身体的なかかわりが強まり、２人が肉体関係になる可能性も高まる。

「投資」には、たくさんの種類がある。

●**感情の投資**：女は、下心を持っていそうな男、あるいはＳＲ価値が低い男に対しては感情を見せない。いったん感情的になれば、その現状から抜け出しにくくなることを知っている。

●**肉体の投資**：「キス」は「腕を組んで歩く」よりも大きな投資だ。「セックス」は「キス」よりもさらに大きな投資だ。

●**時間の投資**：一緒に過ごす時間が増えるほど、女はさらに大きな投資をするようになる。セックスするぐらい親密になるまでには、平均で4～10時間かかる。

●**努力の投資**：女は君を追いかけようとしているだろうか。人はあまりにも簡単に起きることを高く評価しない。女は努力をすればするほど、より大きな投資をしたことになる。

●**金の投資**：君が飲み物をおごるのか、それとも女がおごるのか。

戦術のほとんどは、女を惹きつけるためのものではない。女との付き合いの中で、女により大きな投資をさせるためのエサとして考え出されたものだ。

不快感と対立を避けろ

女は不快感と対立を避けようとする傾向がある。そんなことは常識だと思うかもしれないが、ゲームで成功するために次のことを覚えておいてほしい。

●**前向きでオープンな態度を取ること。**性急に判断を下したり、嫉妬したりしてはいけない。
●**出来事があたかも重大事件であるかのように振る舞ってはいけない。**けっして一大事などではない。
●**不満を述べたり、感情的に罰したりしてはいけない。**相手をクソ女呼ばわりしたところで、ただ話をしてくれなくなるだけだ。してやられるたびに泣き言を言ったり、感情的に罵ったりするような男になってはいけない。幅広い交友関係を持つことで、感情も抑えられる。
●**女に約束をすっぽかされても、次に会うときにそのことでケンカしてはいけない。**すっぽかした女を怒鳴りつけるような男になってはいないだろうか。君だって約束したにもかかわらず、そのことをすっかり忘れてしまったことくらいあるだろう。

楽しみと刺激を与えろ

女は不快感を避けたがるのと同じぐらい、楽しさや刺激に惹きつけられる（もちろん、自分の安全が確保されていると感じたうえで）。美女は船上やダンスフロア、パーティや高級車の中、ワルな男や金持ちの男の周りにいることが多い。平凡な「いい人」と付き合うよりも、そういう刺激的な状況のほうに惹きつけられるからだ。したがって次のことを意識しよう。

- **遊び好きの楽しい人間になれ。** 精神的に強く、洞察力があるように見られる。
- **女に対して挑戦的になれ。** 女は挑戦を高く評価する。
- **少しばかり予測不能な男になれ。** ありきたりなことばかりするのは、軽蔑の原因となる。
- **情熱を持ち、いろいろなことに参加しよう。** 強力なアイデンティティを持とう。
- **交友関係を広げよう。** 時間とエネルギーをそこに費やそう。

女を引き止めておくには、積極的に行動すること。女を口説き落としたところで、ずっと箱に閉じ込めておけるわけではない。おもちゃのように、遊びたくなればいつでも箱から取り出せるというわけではないのだ。

十分な愛と注目、刺激、きっぱりとした対応など、女が求めるものは無数にある。すべてを満足させることなどできないが、より多くのものを求めて君のもとへ戻ってこさせることはできる。目的は彼女とセックスすることではなく、彼女に恋をさせることだ。

女はソーシャルダイナミクスを知っている

女はすばらしい生き物だが、貞淑なる純潔の天使ではない。俺たち男と同じ人間だ。

現場に出れば、女がウソをついたりごまかしをすることに気がつくだろう。女は嫉妬にかられて行動し、男に嫉妬させ、権力を得るために肉体を利用し、年齢をごまかし、ウソの電話番号を伝え、トラブルを引き起こす。そして、よりよいもの——地位、男らしさ、コカインの質——を持つ男を求めて、ためらわずに君を見捨てる。また、女は共感しやすい生き物だと言われるが、君を見捨てたことで後悔したり、孤独に涙を流して哀愁に浸ったりはしない。

振られても自分を責める必要などない。君ともう一度会うべきかどうかを彼女が決断する瞬間までに、SR価値の高さを十分に伝えられなかっただけのこと。よくある話だ。

俺の一番弟子〝マタドール〟が講師として3日間のミステリーメソッド講座を担当したときの生徒について、こんな話をしてくれた。最初の夜、その生徒は狙った女に無視された。だが2日目の夜にたまたま女と再会したとき、ちょうどその日にもっと高度なスキルを学んで身につけていた生徒は、すぐ電話番号を手に入れた。同じ男と同じ女。結果は技術しだいだ。

女の容姿を格づけする

男は生き延びる価値よりも子孫を残す価値を女に求めるし、女は子孫を残す価値よりも生き延びる価値を男に求める。いくらそういう人間の本質に納得がいかないとしても、美容と健康を意識している女は、自分の社会的な価値がルックスに基づいて格づけされていることをしっかり理解している。

PUAは女の容姿を6〜10点で採点する。6点はまあまあのルックスで、10点はセクシーなスーパーモデル。6点未満の女は格づけしない。

女は7点だとか9点などと点数をつけられることを女性蔑視だと感じるかもしれないが、女性蔑視とは性別に基づく偏見や差別のことであって、生き延びる能力と子孫を残す能力を値踏みすることは蔑視とは言わない。男も女も、人間の基本的な現実を受け入れよう。他人の社会的な価値を慎重に評価することが、自分の子孫が高いSR価値を持てるかどうかに直接的な影響を及ぼすのだ。

女はレベルごとにそれぞれ異なった反応を返すので、まず女の社会的価値を客観的に評価し、それに応じて作戦を変更していこう。しかも、男も女も、相手の社会的地位に対する認識しだいで態度を変える。

例えば一体感《ラポール》を築こうとするのは、7点の女に対しては会話を始めるのにいい方法だが、10点の女には効かない。9点と10点の女には生意気《コッキー》で挑戦的な態度を見せるのが効果的だが、6点や7点相手にそういう態度を取ればあまりいい結果にはならないだろう。

ミステリーメソッドは、時間をかけて自分の社会的価値を引き上げていくことによって、10点の女を惹きつけることを重視している。もしそこまで美人ではない女を口説くときには、勢いを抑えたほうがいいだろう。彼女はプライドを守るため、君に告白されてもとっさに振ってしまうかもしれないからだ。彼女にとっては、そもそも自分が付き合えると思ってもいなかったレベルの男にいずれフラれるかもしれないリスクを冒すよりは、自尊心を高めてくれる男を射止めるほうが楽なのだ。

キャットセオリー

逃げるものを追いたくなるのは、なぜだと思う?

——ヴァルモン子爵（『危険な関係』）

猫は命令には従わないが、追いかけたくなることはあるようだ。また、猫じゃらしをうまく使えば芸をさせることもできるが、猫じゃらしを目の前に置けば興味をなくす。

猫は気まぐれだが、ゴムひものついたボール、マタタビ、おやつ、猫じゃらし、何か新しいものに特に好奇心を刺激される。そして一度何かを捕まえるのに夢中になると、ひたすらそれを追い求める。

猫から学べることは多い。猫はくっついているときに引き離そうとすると、急いで膝に戻ってくるが、逆にこちらから抱きしめようとすると嫌がる。不快だと感じれば噛んだり引っかいたりするし、いつも注目されたがり、ほかの猫に嫉妬する。君と触れ合うだけで甘えた声を出すこともあるし、君よりもほかの誰かのほうが気に入ったときにも分かりやすい態度を取る。

恋愛術家がナンパをするときには、ターゲットから少し離れたところで存在感を放ちながら周囲の注目を集め続けるようにしよう。

女は簡単に手に入るものには退屈してすぐに興味をなくす。だが同時に、どうしても達成不可能なものもあきらめて関心を失う。だからエサはあと少しで届く距離に置き、少しずつ惹きつけ続けよう。

「彼氏がいる」と言う理由

女が「私、彼氏いるの」と言うときは、十中八九「あなた、私に興味あるのバレバレなんだけど」という意味で、本当に彼氏がいるかどうかとは無関係だ。もし本当に君に惹きつけられているなら、セックスするまで彼氏の存在を隠そうとするだろう。女が彼氏について話すかどうかは、実際に彼氏がいるという証明にはならない。彼氏について話したい「何らかの理由」があったと考えたほうがいい。

女が「自分には彼氏がいる」と言う理由

①本当は彼氏がいない。だが、君に惹きつけられていないか、君ががっつきすぎている。
②本当に彼氏がいる。現在の選択肢を踏まえ、その関係を壊したくないと思っている。
③本当に彼氏がいる。君とセックスしてもいいと思っているが、君がまず彼女の状況を理解してくれるかどうか確かめたがっている。彼女は口の堅さと理解を望んでいる。いずれ彼女とはセックスできるだろうが、いまできるのは、約束をすることだけだ。
④本当に彼氏がいる。浮気してもいいと思っている（手堅くゲームをしたときにはよくあることだ）が、罪悪感を覚えたくないため、**正当化**のプロセスが働いている。彼女は君とセックスする前に彼氏について話している以上、それは君の責任として自分を正当化できる。セックスしたら彼女は後悔するかもしれないが、それで浮気をやめるとはかぎらない。
⑤本当は彼氏がいないし、君に惹きつけられているが、男を落とせない負け組のように見られたくないと思っている。いずれにしても彼女には周回衛星《オービター》（友人のふりをしながら、彼女とセックスしたいとひそかに望んでいる取り巻きの男たち）がいる。「周回衛星《オービター》」という言葉にはとてもたくさんの異なる意味が含まれており、彼女は周回衛星《オービター》の1人を「キープ君」と考えている。

結論。女に彼氏のことを尋ねてはいけない。また、女が彼氏について話し出しても驚かないこと。「彼」は存在すらしないかもしれない。ただ君があまりにも早い段階で女に関心を見せすぎたせいで、君への関心がなくなったということだ。

まとめ

●脳の回路によって「感情」が価値を判断し、動機づけをする。それは生き延びて遺伝子を子孫に残し続けることを目指すように設計されている。
●人は感情に基づいて行動し、それが正しいことだったと**後づけ**することも多い。女の感情回路は極めて発達しており、「感情」の影響を受けやすい。
●人はSR価値に基づいてつながろうとし、男女の絆を求める。
●進化論的に言えば、女はセックスのときに男よりも大きなリスクを負う。女にとってのセックスとは、男にとってのセックスよりもはるかに大きな投資であり、女の感情回路はそのことを考慮に入れるように設計されている。例えば、女は新しい恋人とセックスする直前に大きな不安を感じやすい。
●論理的に女を説得し、議論し、引き込もうとしても無駄だ。
●女が好きなことや好きだと言うことは、本当に好きだとはかぎらない。
●女の**反応が薄い**のは、君からゲームに誘われている状況を打ち切ろうとしているということだ。君が十分な価値を示していないか、彼女が十分な安全を感じられない場合、君のそばでは弱さを見せないようにする。

●**ピーコック**とは、反応を増幅させるために目立つ服を着ることだ。少なくとも何か1つ、クールで注目を浴びるようなアイテムを身につけること。

●女にとって自らの**評判**は非常に重要だ。そのため、**社会的に重大な事態**にならないと確信できていれば、女はセックスを楽しもうとする可能性が非常に高い。

●すべての女には「**軽い《A》女じゃ《S》ないアピ《D》ール**」という強力な妨害メカニズムが備わっている。うまくやれば、軽い《A》女じゃ《S》ないアピ《D》ールを発動させずにスムーズに気持ちを高められる。

●女は、男女間での気分の高まりが自分のせいになるようなことは避けようとする。女には説得力のある「**それらしい理由**」が必要だ。男は事を起こし、**勇気**を持って責任を負おう。

●女は君の反応を見るために「**適正テスト**」をしてくるだろう。そして直感による判断の結果、合格かどうか伝えてくる。女は君の限界を試すことで、感覚的に君がどういう男なのかをより正確に判断し、安心する。

●多くの女は、男のことを貢がせる対象だと考えている。そのため、ただ貢いだところで女を惹きつけることはできない。女には、付き合いに**投資**させるようにすること。

●女は楽しみと刺激を求め、対立と不快感を避けようとする。

●事が一大事であるかのように行動してはいけない。本気で「大丈夫」と思えるようになるまで、頭の中で「大丈夫」と唱えよう。たとえ何が起こっても**一大事**ではない。

●価値ある男になるために、夢を追いかけ、**強烈なアイデンティティ**を持ち、熱中する人生を送ろう。
●6～10の**10段階評価**で、女の容姿を格づけしよう。まあまあの女は6点、スーパーモデルは10点。
●ナンパの段階が進んでいくにつれて、新たな一面を見せたり、わざと少し距離を置いたりすること。女は猫じゃらしを追う猫のように追いかけてきて、**少しずつおびき寄せられる。**
●**女の彼氏について尋ねてはいけない。また、女が彼氏のことを話し始めてもあわてないこと。**その彼氏は存在すらしないかもしれない。

第4章 「ナンパ」というゲームのルールと仕組み

ミステリーメソッドは複数の要素から構成される。本書ではまず、男と女の出会いからセックスに至るまでの求愛のプロセスを「**M3モデル**」として説明する。次に、公共の場にいる集団（グループ）に対してソーシャルダイナミクスとM3モデルを活用するための「グループセオリー」を説明する。これはレベルの高い女を狙うためには欠かせない重要なポイントだ。

そして3つ目。ミステリーメソッドとは現場でゲームを実践するための方法論のことを指すが、この方法論から生まれ、効果が実証された一連のテクニックもまたその中に含まれる。PUAはこれら一連のテクニックのことを**恋愛戦術**と呼び、その中には**ネグ**や**偽りの時間制限**といったものがある。これらの説明は後の章に譲ろう。

ゲームは現場でやるものだ

〝ゲーム〟といっても、コンピュータやインターネット、本の中でプレーするものではない。実在の人々とそれをとりまく状況のなか、リアルな世界で行うものだ。現場《フィールド》で実践を繰り返すことによってのみ直感とスキルが開花する。

メソッドは徐々に習慣化していく。数週間、確実に実践することでメソッドをひとたび自分のものにすれば、ゲームはやめるよりも続けるほうが簡単になる。目的に向かって、やるべきことが自然とできるようになっていくだろう。そのために重要なことは次のとおり。

- ●スキルの向上に全力を注ごう。新しい女に出会うとか、セックスのためではなく、新しく買ったテレビゲームを楽しむように、ソーシャルダイナミクスについて考えよう。
- ●特定の女に執着しないこと。過去3カ月に恋した女のことは忘れよう。まず必要なのは訓練だ。
- ●現在のターゲットとうまくいかない場合、その女との関係を修復するよりも新しい女を惹きつけるほうが簡単だ（惹きつけるのは数秒から数分のことだが、セックスまでにはおよそ4～10時間かかる）。

ミステリーメソッドの初心者向けミッション

- ●週に4日、毎晩4時間はゲームに出かけること。
- ●また1時間に平均3回のアプローチをすること。1回のアプローチにつき20分を想定する。

この1年間で君は一体何人の女にアプローチしてきただろうか。このミッションをこなせば、ひと晩に12回、週に48回、月に200回近くになり、1年以内に合計2000人超の女にアプローチすることになる。

調整力を高め、内在化していく

現場に立って1、2週間のうちは、アプローチ方法もいまいちよく分からないだろう。時間を費やすほどパターンがはっきりしてくる。それまでは分からなかった付き合い上のマナーも明確に理解できるようになり、現場の状況と相手の反応も、それが発生する前に簡単に予測できるようになってくる。現場で時間を費やせば費やすほど、アプローチの仕方もますます緻密になっていく。この強力で鋭敏な人付き合いに関する直感を「**調整力**」と呼ぶ。

熟練した恋愛術家たちは、調整力によって、人付き合いの中で起こるであろうあらゆる課題を予測し、対応策を準備している。つまり、以前すでに各種の課題に遭遇して、それに対してさまざまな解決策を試したも同然なのだ。また、友人がすでに実地試験済みの効果的な回答を見つけて修得しているので、情報交換し合っている。

そうすることで、課題が生じた瞬間に回答が分かり、無意識に対応できるようになる。ナンパに関するあらゆる行動が自動化され、ミステリーメソッドの一連のスキルも自動化される。このプロセスは「**内在化**」と言われる。

　あらゆる恋愛術家にとって、「調整」には終わりがない。例えば、実験で俺がクラブにでかいおもちゃのタバコ《フェイクシガー》を持ち込んだときのことだ。そのときついでに友人たちにもあげたので、俺たちみんなが一緒に大きなフェイクシガーを持っていた。それによって、フェイクシガーを持つ者は仲間であるという印象を与え、俺たちの価値は上がった。グループの一員であることは、1人でいるよりも価値があるのだ。

　そのとき女が俺のところに来て、突然尋ねてきた。「なんであなたはフェイクシガーを持っているの？」。俺は答えを用意していなかったので、驚いてこう返した。「うーん、よく分からないけど……おもしろいからかな」

　バカな答えを返してしまったことをすぐ後悔した。いま、この小道具から会話の糸口がつかめたはずだった。俺がフェイクシガーを持っていれば、誰かがそういう質問をしてくるのは明白なのに、なぜそれを考えておかなかったのか。準備をしておかなかったのか。

　それから俺は家に帰って答えを考えた。次に同じ質問をされたときには「喫煙すると気分が悪くなるからな」と言って、おどけてフェイクシガーをふかし、うまくグループにとけこむことができた。

女はより多くの実戦経験があるので、人付き合いがうまい

　男がゲームに加わるつもりなら、積極的にアプローチしなければならない。でなければ、ゲームから立ち去るしかない。女の場合、ゲームに参加するかしないかを自分で選ぶことはできない。魅力的な女であれば、望むと望まざるとにかかわらず男のほうからアプローチをかけてくるからだ。その場にいるだけで何もする必要はないし、そうならざるを得ない。

美女はアプローチに関わる経験が多いので、一般的に、男よりも高い調整力と社交スキルを持っている。いわゆる「10点満点」の女は、24歳になるまでに数千回はアプローチされているだろう。恋愛術家のアプローチは、その数千回のありきたりなアプローチの例外でなければならない。

結果よりもプロセスを重視せよ

恋愛術家は毎晩、調整力を高め、スキルを身につけるために現場に出る。君は「あの子をモノにする」ため、あるいは「今晩セックスする」ために努力するのではない。強力な社交スキル、いざというときにも自信を持って使えるスキルを身につけるという長期的な目標を掲げて実践するのだ。スキルが不要なときには使わなければいいだけ。必要なときのために準備しておこう。

ターゲットを無理なく落とせると判断できるまで（通常10〜25分かかる）は、どんなアプローチをしても成功率は低い。

このゲームは、テレビゲームと同じでプレーヤーキャラクターが死んでもリセットボタンを押せばまた遊べる。一つのアプローチの結果にこだわりすぎると、やがて軽微だが無視できない影響が現

図4　異性関係の3段階

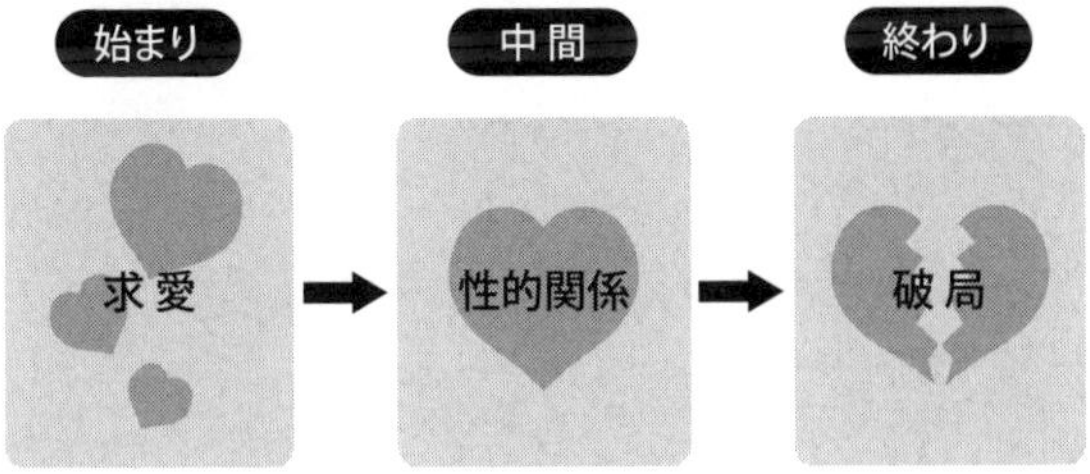

れ、勝利は危うくなる。重要なのは深刻に考えすぎないこと。**皮肉だが、望んだ結果を実現する可能性が最も高いのは、結果に執着しない者なのだ。**

サーフィンやスキューバと同じように、ゲームではプロセスそのものを楽しもう。人々との新たな出会いや、それぞれの人生を探るのは興味深いことだし、それを楽しめないなら、粘り強くスキルを身につけていくことも難しいだろう。

現場での実践を数カ月ほど経験してから、やっと戦略そのものに磨きをかけられるようになり、美女と関係を作り楽しむスキルが身につく。アプローチ恐怖症も、拒絶も、結果すら気にせず、ゲームそのものをただ楽しめるようになるだろう。

異性関係の仕組みと求愛にはプロセスがある

長期的な（異性として親密な）関係には、「始まり」「中間」「終わり」がある（**図4**）。

そしてさらに、出会ってからセックスするまでの求愛の流れにも「始まり」「中間」「終わり」がある。「始まり」が完了するまで「中間」に

図5　求愛の3段階（出会いからセックスまで）

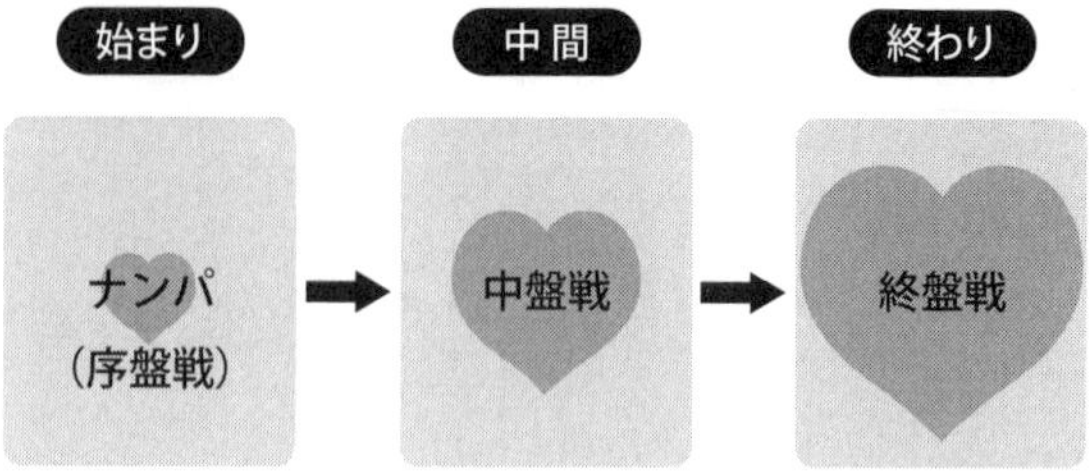

到達することはできないし、「始まり」と「中間」が完了するまで、「終わり」に到達することもできない。

ミステリーメソッドは「求愛の3段階」に注目し、名前をつけた（**図5**）。世の中のあらゆるラブストーリーや、君のこれまでの交友関係にも、この3段階でそれぞれ展開するプロットがある。

惹きつける力と口説く力は別物

ミステリーメソッドが重要視するのは、口説く力ではなく、惹きつける力だ。

・ATTRACT（惹きつける）

他動詞：アプローチや固執を引き起こすこと

a：自分自身またはそれ自身に近づくこと〈例：磁石が鉄を引きつける〉

b：自然な、または胸を躍らせるような関心、感情、美的な魅力によって近づくこと：おびき寄せる〈例：注目を惹きつける〉

自動詞：引きつける力を発揮する

・SEDUCE（口説く／性的に誘惑する）

1. 浮気するよう説得すること
2. 一般的に、説得または嘘の約束によって道を外れるよう導くこと
3. 肉体的な誘惑をする：性交に誘うこと

メリアム・ウェブスターのオンライン辞書（第10版）より

惹きつける力の秘密

異性の基礎的な魅力の程度を計るスイッチは、あらゆる男女の異性選択のメカニズムに生まれつき備わっている。

『スポーツ・イラストレイテッド』誌の水着モデルは、男に内蔵された魅力スイッチをすべて作動させるので、無意識のうちに抗いがたい魅力を感じさせる。同じように、女に内蔵された魅力スイッチをすべて作動させる賢い方法を考案すれば、魅力を感じさせることができる。

「子孫を残すにふさわしいプラスの価値が示されればスイッチがオンになり、子孫を残すに値しないマイナスの価値が示されれば、スイッチがオフになる」――これはダーウィンの説だ。君の遺伝子が子孫を残せるチャンスは、閉経した女ではなく、若く健康な女と肉体関係を持つことで増加する。

俺たちのスイッチはヒップやウエストのサイズ、バストの形や大きさ、顔や身体の対称性、若さや健康など、その質に反応するように配線されている。君の異性選択スイッチがそのどれかに反応するよう設計されている場合、一定の質を示す女に対しては、**否応なしに**魅力を感じるようになっている。

●男の魅力スイッチの大部分は、女の持つ「子孫を残す価値」に反応するように設定されている。「生き延びる価値」に反応するのはごくわずかだ。

●男の持つ「子孫を残す価値」に反応するよう設定された女のスイッチはごくわずかで、大部分は男の「生き延びる価値」に反応する。

たとえ豊胸手術で作られた偽乳だとしても、貧乳よりは魅力的に見える。もしそうでなければ、女は美容整形などしないだろう。俺たちの魅力回路は、女の持つ「子孫を残す価値」にかかわる微妙な指標を感じられるように調整されている。

では、女の魅力スイッチは男のどんな資質に反応するよう設定されているのだろうか。目まぐるしく状況の変化していく現場で、どうすれば効率的にそのスイッチをオンにできるのだろうか。基本的な資質とは、先に述べたとおり、健康と体力、一緒にいて心地よく感じられるか、笑顔でいられるかなどだが、これからさらに強力な魅力スイッチを検証していこう。

事前選択《プリセレクション》されよう

魅力スイッチは人間だけでなく、多くの動物にも存在している。

例えば、オスのライチョウは1羽だけでいるとなかなかメスを惹きつけられない。だがメスの剥製をオスの近くに置くと、ほかのメスがすぐにオスの縄張りに入り込んできて、交尾しようとする。

同じように、「この男は自分以外の女にとって、異性として魅力的らしい」と女が見なせば、すぐにでもその男に魅力を感じる可能性がある。バーに1人きりで座っている男よりは、両腕に女が抱きついている男のほうが魅力的に見える。いろいろな方法の中でも「自分に関心を持っている女がほかにもいる」と示すことは、異性選択スイッチを直接オンにする唯一の方法だ。

ほかにはこういう方法もある。女モノの香水をつけておき、女が「何かつけてる?」と尋ねてきたら「何もつけてないけど」と答えよう。彼女は君のえりの匂いを嗅いでから、すべてを理解したように「ああ、そういうことね」と、ほほ笑みかけてくるだろう。

もう1つは、頬に口紅のキスマークをつけておくなんていうのもある。男が魅力的なヒップとウエストの女に大きな魅力を感じるように、女はキスマークをつけられた君に魅力を感じるのだ。

事前選択《プリセレクション》のスイッチをオンにする方法はもっとたくさんあるし、オンにすべきスイッチはさらにたくさんある。惹きつける魅力を発揮する秘訣とは、スイッチがどのようなものかを知り、次にすべてのスイッチを順序よくオンにしていくように努力することだ。それよりもっと即効性があり、強力な方法などというものは存在しない。

図6　ミステリーメソッドの3段階モデル

「ミステリーメソッド」の3段階モデル

女を「惹きつける」ことができれば、そのあとでようやく「口説き」へと移れる。ただし、惹きつけた女を口説く前に、もう1つ重要な段階がある。君は女との間に心地よさ、つまり「なごみ」を築かなければならない（**図6**）。「なごみを築く」段階と「口説き」の段階については第8章と第9章で詳しく説明しよう。

口説きは男の専売特許ではない

中盤戦で女と部屋で2人きりになり、十分ななごみを築けたなら、終盤戦に入ってすぐにセックスできるだろう。**彼女のほうから君を口説こうとさえしてくるかもしれない。**女が君を口説くのに都合のいい状況を作り出そうとしてくるのであれば、あえて君のほうから口説こうとしなくてもいい。

だが残念ながら、まず君に魅力がなければどれも不可能だ。特にひっきりなしにナンパされるような女の場合、間違いなく、なごみを築こうとする君の努力を簡単には受け入れないだろう。

図7　ミステリーメソッドのおもな目的

もし焦ってなごみを築こうとすれば、彼女にとって君は魅力的な男ではなくなるので用心してほしい。さらに、そのあともずっと「**お友達ゾーン**」（異性を感じさせないなごみが築かれた状態）から動けなくなるかもしれない。ミステリーメソッドの3つのおもな目的は**図7**のとおり。

3段階の優先順位を間違うな

「惹きつける」「なごみを築く」「口説く」の関係（**図8**）は、直感的で当たり前に見えるかもしれないが、世界中のPUAたちがこれらの優先順位づけを間違うことで起きる問題に苦しめられ続けてきた。優先順位づけでよくある4つの間違いは次のとおり。

①最初に口説く――「終わり」から始める。
②最初になごみを築こうとする――「中間」から始める。
③惹きつけはするが、なごみがない――「始まり」からスタートしているが、「中間」を省略して「終わり」に直行している。
④惹きつけとなごみしかない――「始まり」からスタートしてい

図8　「惹きつける」「心地よさを築く」「口説く」の正しい関係

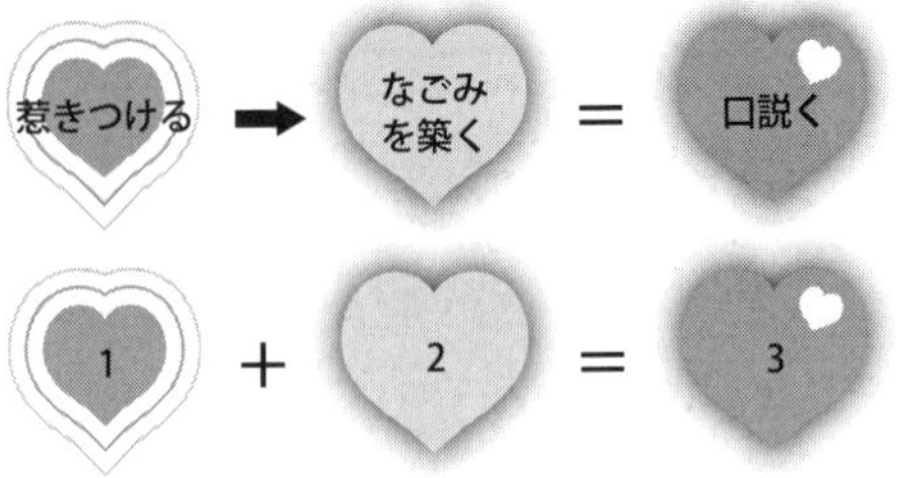

るが、「中間」で動けなくなる。

優先順位の間違い①「終わり」から始める

口説き魔になるな

初心者が最もやりがちな間違いは、女を惹きつける前に、口説きに全力を注いでしまうことだ。これでは馬の前に荷台を置くようなもので、特に美女に対してしてしょっぱなから口説きにかかるのは、「君のことは何も知らないけど、とりあえずセックスしない？」と言うに等しい。

口説き始めるべき時間（と場所）はあるが、それはあくまで女を惹きつけ、心地よいなごみを築いてからのことであって、そのときは当然プライバシーのこともお忘れなきように。

口説き魔は「終わり」から始めるという間違いを犯しているのだ。よくいる男と同じように、女の心地よさがどのくらいのレベルにあるかを無視しする。女は、たとえ口説き魔のルックスが好みのタイプだったとしても、見知らぬ（あるいは信頼していない）男から積極的にセックスに誘われることのほうが不快に感じる。終盤戦に達するまでは、強い性的関心は示さないほうがいいだろう。

フールズメイト

チェスではわずか4手で勝つこともできる。これを「**フールズメイト**」という。しかし、フールズメイトでの勝利経験があるからといって、チェスのチャンピオンになれるわけではない。それはただ相手が未熟だったというだけのことだ。経験豊富なチェスプレーヤーは、もし相手がエサに食いついてこなければかえって自分が攻撃されやすくなるので、フールズメイトを試そうともしない。同様に出会ってすぐに女を口説いてみてもいいが、相手が経験豊富であればあるほど成功率は低くなる。

恋愛術には、フールズメイトのようになごみを築かずにいきなり口説き始める戦術もある。だが、チェスのチャンピオンも恋愛術家も、手堅いゲーム運び——いわゆる「**ソリッドゲーム**」を好むものだ。行きずりの関係に抵抗がない女が相手のときなど、フールズメイトが発生する可能性はあるが、それを唯一の決め技にしてはいけない。

優先順位の間違い②「中間」から始める

「いい人」

口説きを最優先にすれば女を不愉快にさせる——たいていの男はそのことを分かっているため、まずは心地よいなごみを築くことに力を入れようとする。彼らが気づいていないのは、美女は毎日のように男たちから言い寄られており、そんなことには飽き飽きしているということだ。

女にとって「**いい人**」は、口説き魔ほど攻撃的ではないし、厄介でもない。ただあまりにもたくさんの「いい人」たちが、似たような長ったらしくてくだらない会話をしようとして、1日のうちに何度もアプローチしてくる。

「いい人」は最初に惹きつけることをせずに、いきなり「やあ、俺はジョー。君の名前は?」と話しかけようとするのだが、考えてもみてほしい。興味もない男の名前を気にかけたり、わざわざそれを覚えようとする女がいるだろうか。ただ尋ねただけで個人情報を明かしてくれるだろうか。

女たちの防御シールド

惹きつけていないのになごみを築こうとしていろいろ試してみても、女を退屈させるだけだ。なごみを築く試みというのは、つまり、自分がどんな人間か伝えようとしたり、彼女自身のことを語らせようとしたり、何でもかんでも彼女を褒めようとするなどだ。

興味のない相手と会話せざるを得ない状況を経験したことがあるなら、それがどれほど不愉快なことか君にも分かるだろう。そういうことが長年、ほぼ毎日、1日に何度も起きると想像してみてほしい。相手が何か行動を起こしてくる前に遠ざけたくなるのは当然ではないだろうか。

女は「いい人」たちに付き合わされた経験が増えるほど、退屈な攻撃に対抗するため、簡単で効果的な戦略をとるようになる。この戦略のひとつが、いわゆる**防御シールド**だ。

性的な関心は知らせないこと

アプローチして愛想よく振る舞うだけで、君は女から何かを得ようとしていると示したことになる。女は、何かを押し売り（あるいは物乞い）されているとは思わないにしても、君が自分とセックスをしたがっているのだろうと考える。

もし君が性的な関心をまったく持っていなかったとしても、彼女はこれまでアプローチしてきたたくさんの「いい人」たちと同じようなアプローチをされただけで、性的な関心があるからそうしていると判断するだろう。

彼：いいブーツだね。
彼女：ごめんね。私、彼氏いるから。

これは女の一時的な自己防衛でしかないのだが、多くの男は「この女は性格が悪い」と間違った解釈をする。女から見れば、こういう戦略を取れば男を追い払える可能性が高いので便利だし、そこで男全員の話を聞くはめになるよりも、興味もないその他大勢の男たちからは嫌な女だと思われるほうがまだましなのだ。

彼：君の名前は？
彼女：消えてくれない？

女は「いい人」の楽しい会話はそこそこ大目に見てくれるかもしれないが、会話におもしろみがなくなりはじめたとたん、すぐに立ち去る。男の滞在が長引くにつれてうんざりして、粘り強い「いい人」たちはさらに大きな抵抗にあう。
あえて嫌な女のふりを楽しむ女もいるが、おおかたの女は「防御シールド」をうまく言い訳に使う。もし嫌な女のふりをすることもなく、シールドも張らないとすれば、本当にお人よしな女の子なのだろう。

彼：やあ、元気？
彼女：あなたなんかとセックスしないわよ。

惹きつけられていない相手とは会話したいとさえ思わないので、女は防御シールドを強化せざるを得なくなる。中盤戦でもなごみを演出するよう努めること。焦って口説いてはいけない。

優先順位の間違い③「始まり」からスタートするが、「中間」を省略して「終わり」に直行する

あらゆる始まりと終わりには中間がある。M3モデルの3段階で中間に当たるのが、「なごみを築くこと」だ。女を口説く（あるいは口説かれる）タイミングもあるが、それは心地よくなごんだ空気が築かれたあとのことだ。

女を惹きつけることに成功しても、**3つのワナ**にかかってしまう者が多い。そこで、次のことに気をつけてもらいたい。

ナンパ失敗男がはまるワナ①「両想いかどうかの判断に失敗する」

女の美しさはそれだけで男を酔わせて、付き合いたいと思わせるが、ルックスで選んだことを悟られてはいけない。純粋な気持ちではないととらえられ、ほかのよくいる男と同じだと見なされてしまうからだ。

女の**脈ありサイン（Indicators of interest／IOI）**は、「惹きつける段階」から「なごみを築く段階」に移るべきタイミングを知らせてくれるが、同じく君も脈ありサイン《IOI》を確実に女に伝えるまでは移行してはいけない。

かといって、女から脈ありサイン《IOI》を出されたことが、こちらからも脈ありサイン《IOI》を示してもいい理

由になるわけではない。こちらがあまりにも簡単に脈ありサイン《IOI》を示せば、ありふれた退屈な男だと思われて、もっと楽しい冒険を求めて去っていくだろう。

　女の脈ありサイン《IOI》の例をいくつか挙げておこう。

●女が君の名前を尋ねる。
●女が君に触る。君が「おさわり禁止だよ」と言うと、もう一度触ってくる。
●女の手をつかんで握ると、握り返してくる。
●女が君のユーモアのある発言を笑い、おかしくないことにも笑う。
●女に首を噛んでほしいと頼むと、そのとおりにする。

「この男に私の魅力を見せつけてやりたい」と女に思わせれば、君は惹きつける力があるという証明になる。だが、そこで君のほうからも脈ありサイン《IOI》を見せずにいると、他人に実力を見せつけたいがためにゲーム感覚で女を惹きつけて、もてあそんでいる男だと疑われるかもしれない。彼女は不快になって、すぐ気持ちが冷めてしまうだろう。

　惹きつける段階の会話で何かたくらみがあると感じ取られたら、「巧みに他人の気持ちを操る人間」だと思われてしまう。それではただスタートがうまいだけの口説き魔にすぎない。

　この「ナンパ失敗男がかかるワナ①」を回避して交渉に成功すれば、次の「なごみを築く段階」に

図9　7時間ルール

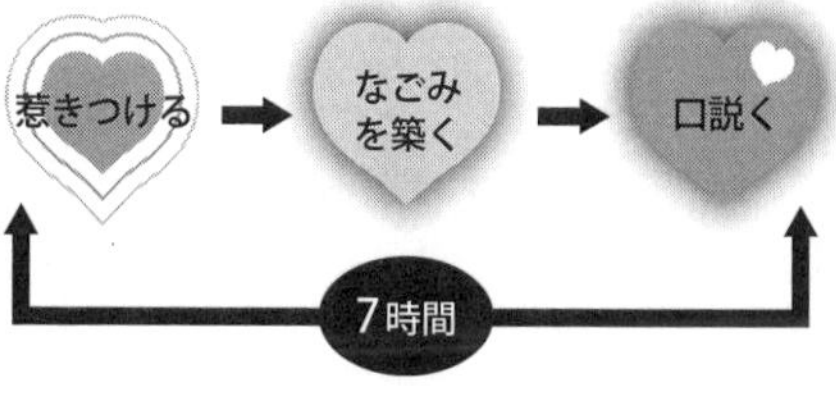

進むことができる。

ナンパ失敗男がはまるワナ②「なごみのレベルを無視する」

なごんだ雰囲気を作り上げる前に口説こうとすると、女の魅力スイッチはオフになる。それを防ぐためには、十分ななごみを味わわせて、口説くときに不快を感じさせないようにすることだ。なごやかな雰囲気を築くまで口説きに移るのは禁止。

では、口説き始めるのに十分ななごみを築けたかどうかはいったいどうすれば分かるのだろうか。

女を口説いてもいいレベルのなごやかな雰囲気を築くには、累計で4～10時間（平均7時間）かかる（惹きつけとなごみの段階をすっ飛ばして口説くフールズメイトは数に入れていない。先ほど述べたように、これは真の恋愛術家ならば避けるべき戦略だからだ）（**図9**）。ただし、その瞬間が来たことを判断するためのはっきりした基準のようなものはない。そこは君の調整力にかかっている。この7時間ルールの詳細は後ほど述べよう。

ナンパ失敗男がはまるワナ③「衝動買い《バイヤーズ》の後悔《リモース》」

気まぐれで何かを買って、しばらくしてから後悔することがある。それと同じように、女は君に惹きつけられて、押しに負けたか、愛撫を許すのを早まってしまったかもしれない。自分は魅力的だという実感と性的な興奮に酔いしれていただけかもしれない。その場合、そのときの自分の感情や行動を後悔する。これを「**衝動買いの後悔**《バイヤーズ・リモース》」と呼ぶ。

もし口説きの段階まで進みたいのであれば、女に「衝動買いの後悔《バイヤーズ・リモース》」をさせないようにしよう。

ケーススタディ「ジムとジャニーン」

ジムの視点

ジャニーンという美女と出会い、惹かれ合った。いますぐ彼女としたい。2人は熱く激しく盛り上がっていったが、何らかの理由があって、そのときは2人きりになれる場所に行けなかった。そこで番号交換をして後日会う約束を取りつけ、仲間たちに「ついさっき、彼女候補を見つけた」と興奮ぎみに報告した。

翌日の晩、さっそくジャニーンに電話をかけるが、反応は冷ややかだった。約束どおりに会ってくれるよう説得しようとするが、いま「忙しい」という。

その後何度かメッセージを残しても、ジャニーンは一度も電話を返してこない。それから数週間がたっても2人が再会することはなかった。ジムは混乱し、欲求不満になり、孤独感にさいなまれる。

さらに最悪なのは、ほかの女ともこのパターンを何度も繰り返しているということだ。

これは「いい人」が「衝動買いの後悔《バイヤーズ・リモース》」のワナにはまったときのよくある例だ。多くの人々が何度もこのワナに落ち、恋愛のチャンスを数え切れないほど失っている。

俺が主宰するウェブサイトの無料掲示板（www.venusianarts. com/forum/）では、意欲的な恋愛術家たちがこういったパターンのレポートを投稿し、切磋琢磨しているので参考にしてほしい。これは上達するまでの間に何度も繰り返される物語なのだ。何が起こったのかは次のとおり。

ジャニーンの視点

その夜はジムとのいちゃいちゃを楽しんだが、彼はペースをスローダウンせずに性的な興奮を高め続け、十分になごみを築かなかった。そのときは、ジムにもう一度会いたいと本当に思っていたが、それはその瞬間だけのことだった。

翌日ジムが電話をかけてきたときは、昨夜のように興奮した気分ではなかった。教養番組を見て、よく知りもしない相手とイチャついたりしたことに対して、少し罪悪感を覚えた。そして、ジムが自分に電話をかけてきた理由はただ1つ――あの夜の続きをするためだろうと思ったので、ジムのことを考えるのも気が重かった。

もし再会したとして、彼がどんな行動に出るか分からない。だから怖いのだ。彼に身体を触られたら、もっと不愉快になるだろうか。それもまだ分からないが、そのときになってジムが取る行動を信頼できるほど、彼のことをよく知っているわけでもない。

感情に身を任せて、自分の気持ちに従ってもう一度決断してみようと思った。だが、残念ながら電話で話してみても昨夜のように気持ちが盛り上がることはなく、冷たい態度で接し、忙しくて話す時間がないとウソをついた。

混乱したジムが気持ちを変えようとしてきたが、まるで自分を操ろうとしているように感じられた。性的に興奮していないときに、親しくもないし安全とも思えない男からセックスを強要されるのは不愉快だ。

そのときジムは電話で気持ちを変えようと必死になっていた。昨夜の出来事を思い返し、冷たくされる理由を山ほど考えた――ジャニーンはルームメイトとケンカをしていたか、猫用トイレの砂を変えるのに忙しかっただけかもしれない……。

次の週も、その翌週も、ジムがメッセージを残すたびにますます不愉快な感情はつのっていき、彼とまた会いたくなることはなかった。

ジムは、ジャニーンが「ウソをついたこと」を責めるべきではない。なごみを築く段階に十分にとどまらず、こんな状況を作り上げてしまったのは彼だ。

「手を握る」から「キス」へとエスカレートするにつれて、すぐ「衝動買いの後悔《バイヤーズ・リモース》」の「帰還不能点《ポイント・オブ・ノーリターン》」、つまり「あとに引けない段階」に近づくことになる。

「衝動買いの後悔《バイヤーズ・リモース》」の「帰還不能点《ポイント・オブ・ノーリターン》」に用心しよう。この「あとに引けない段階」は、十分ななごみを築かないまま、キスから前戯に発展したところに存在する。

・**キス**：愛情（またはあいさつ）のしるしとしての口づけ、または愛撫のこと

・**前戯**：性交の前に行う相互の性的刺激のこと

メリアム・ウェブスターのオンライン辞書（第10版）より

覚えておこう。ある時点でどんな選択をしたかによって、翌日以降の結果が決まる。帰還不能点《ポイント・オブ・ノーリターン》（あとに引けない段階）を越える前に、なごやかな雰囲気を十分に作り上げておき、女の性的な興奮がおさまる前に、セックスに適した近くのプライベートスペースまで連れて行けなければ、女は「衝動買いの後悔《バイヤーズ・リモース》」をするだろう。

近所のトイレの個室に連れ込むなんていうのはもってのほかだ。そんなことをするのは口説き魔だけ。2年間付き合っているガールフレンドが公衆トイレでのセックスでいい気分になるかどうか考えてみれば分かるだろう。

女がどれほど興奮していたとしても、20分前に会ったばかりの相手とセックスできるかもなどと期待しないこと。もしうまくいっても、それは惹きつけることもなごみも省略した**フールズメイト・ファ**

ンタジーであり、手堅いゲーム運び《ソリッド・ゲーム》とは言えない。焦って口説けば、そのあとに待っているかもしれない絶好の機会を失う可能性もある。互いに〝そういう気分〟になることはめったにないが、もしそうなった場合は、お好きにどうぞ。

性的な空気のない、なごみのキスは、なごみを作り上げる段階にこそふさわしい。**キスをもったいぶりすぎたら、ある時点で関心を失くされて、それ以降キスのチャンスはなくなる**だろう。

この「なごみのキス」は30秒以内にとどめ、舌も入れないこと。キスは信頼関係を表し、作り上げる。だが「前戯」は、口説きの段階以外にはふさわしくない。前戯はおもにディープキスから始まり、性的なボディタッチへとつながっていく。これによって、男女ともセックスに備えて性的な興奮が高まっていく。

自然とセックスへ移行できるくらいのなごみとプライバシーが確保できるまでは、「前戯」は始めないほうがいい。「キス」はすぐに「前戯」になってしまいがちなので、そのときには女を遠ざけること。「いまはこれ以上のことをするのに適切な時間でも場所でもない」ことを女に分からせよう。

こういう自制が男にとって非常に難しいのはよく分かる。だが多くの男たちがここで失敗してしまうのだ。この落とし穴を回避するため、真剣に自分の胸に問いかけよう。「俺はたった一夜のペッティングがしたいのか、それとも毎夜のセックスをしたいのか？」

帰還不能点《ポイント・オブ・ノーリターン》に近づいているかどうかを判断するには、こう自問してみるといい。「これは前戯か？」。答えがイエスならストップだ。女から離れろ。性的な興奮ではなく、なごやかな空気を築き、控えめで誠実な男になれ。「おっと、このくらいでやめておいたほうがいいな。おいで、みんなのところに戻ろう」（「みんな」は「俺の友人」かもしれないし、「彼女の友人」かもしれない）。

この行動が勝利をもたらす。セックスだけが目的ではなく、もっと深く互いを知り合いたいという意志を示すことによって信頼を築ける。

ここまでくれば彼女が君に異性として魅力を感じていることはもはや明らかなので、心配することはない。その後、君の寝室など、口説くのにふさわしいプライベートな場所へ連れていくのに十分ななごみを築いて、性的な興奮を高めたら、あとはなりゆきに任せればいい。

なごやかな雰囲気を作り、何度か「帰還不能点《ポイント・オブ・ノーリターン》」（あとに引けない段階）に近づきながらも、そのたびに自分から女を遠ざければうまくいくだろう。

優先順位の間違い④「始まり」からスタートしたが、「中間」で動けなくなる

お友達ゾーン

ゲームにおいて「お友達」は非常に特殊な裏の意味を持つ。それは、長い時間をかけて互いをよく知った男女間で、女に恋愛感情を持っているにもかかわらず、それを伝えられない男のことを指す。

なごみを築く段階にいるうちに、「異性として興味がある」と女に伝えられていなければ、恋愛対象だと思われない可能性がある。もし、なごみを築く段階で女の手を握らず、首の匂いも嗅がず、キ

スもしていなかったら、そこでワナにはまってしまう。

女は君が性的な関係を求めてこないところに良さを感じており、関係の変化を望まないかもしれない。その場合、口説きに移ろうとすると「いいお友達でいましょ（Let's just be friends/ LJBF）」と言われてしまう。これが**お友達ゾーン**に追い込まれるということだ。

なごみの段階を終わらせるまで口説き始めることはできないが、十分な親しみを感じさせるまではなごみの段階を終えてもいけない。そして、男性としての魅力で彼女を惹きつけることも重要だ。そのためにはキスをして彼女に不快さを感じさせないこと。2人きりになったときにいきなり口説き始めて性的な興味を見せたりすれば、彼女は驚いて拒絶するかもしれない。

「お友達ゾーン」を徹底的に避けていくうちに、互いを口説くことは悪いことでも、罪でもないことが分かってくる。結局、性的な関係を2人で作り上げていくことが女のためでもある。

回避策はあるのか

どうしても落としたいターゲットといるときに、お友達ゾーンにはまり込んだことに気づいたらどうすればいいだろうか。まだ望みはあるのか、それともこれまでの努力はムダになるのだろうか。

俺に言わせれば、25分のやりとりの間に女が脈ありサイン《IOI》を送ってこないなら、彼女の中で君の第一印象は最悪だと思っていい。

まだ出会ってから20時間以内で、しかも、彼女があらゆる肉体的な高まりを不愉快に感じる「お友達」状態なら、君が突然高い価値を示したところで彼女を落とすことはできない。女はすでに君と友情を築いており、君には友達としての価値を捨ててまで付き合うほどの値打ちはないと思っている。

その時点でもまだこのターゲットを落としたいなら、できることはただ1つ。しばらく彼女から離れて、別人のように生まれ変わって戻ってくることだ。いまよりもっと高い価値を見せなければならない。それには、君のSR価値が高まったことを理解させるしかない。例えば、新しいアパートメントに移る、カッコいい新車を手に入れるなど、まずは基本的なことから自己改革しよう。君がもはや以前とは違う人間であることを見せるのだ。

そしていちばん重要なのは、新しい女と一緒に彼女の前に戻ってきてやきもちを焼かせる「嫉妬の筋書き《プロット》」を仕立てること。彼女は、以前は君を手に入れることができたのに選ばなかった。そしていまはもう手に入れることはできない――そのことでますます君を欲しがるようになる。

誤解してほしくないのが、こういう状況でより高い価値を示すことは本当に難しいということだ。正直なところ、スタート地点に戻るよりも難しい。君は価値がないと彼女に思われているが、実は価値があるということを今度こそ証明しなければならないのだ。高い価値を示す方法を考えるのではなく、実際に高い価値を持たなければならない。

そこまでする気はないならただの友人同士になってもいいが、もう彼女を口説くのはあきらめよう。というよりも、彼女は君に価値を見いだせないままなので、口説きの段階にたどりつくこともないだろう。新たなターゲットを探したほうがいい。

図10　ターゲットと行く3ロケーション

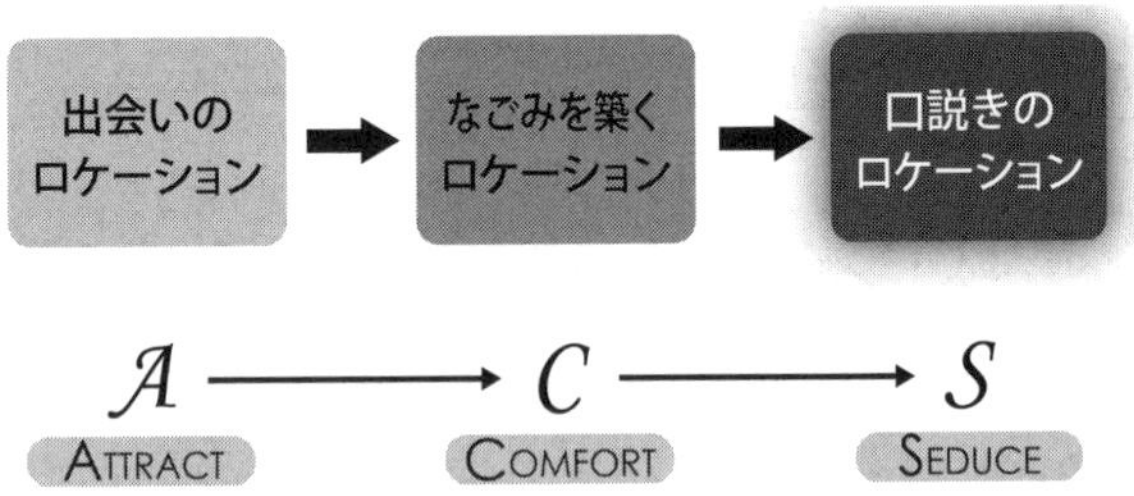

誤った優先順位づけによって起こる問題を要約すると、次のとおり。

①「終わり」から始めてしまう＝フールズメイト問題

②「中間」から始めてしまう＝防御シールド問題

③「始まり」からスタートするが「中間」を省略して「終わり」に直行する＝衝動買いの後悔《バイヤーズ・リモース》問題

④「始まり」からスタートするが「中間」で動けなくなる＝お友達ゾーン問題

ゲームのロケーション

セックスまでたどりつくような手堅いゲーム《ソリッド・ゲーム》運びをする場合、たった1つのロケーションで完結することはめったにない。

図 11　ジャンプ（ロケーション変更）の種類

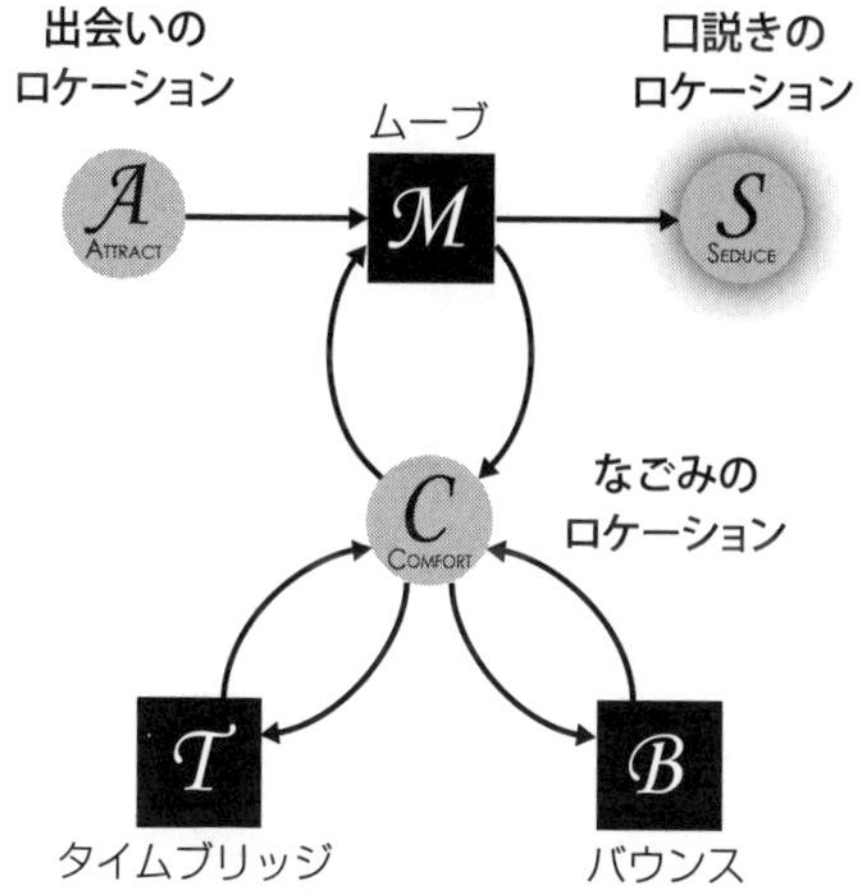

これまで出会ったこともない女が勝手に寝室に押しかけてくるなんてことはまずあり得ない。どこか外出先で女と出会うほうが自然だ。実は、多くのみじめな寂しい男たちが失敗しがちなポイントがここなのだ。

君がターゲットと訪れることになるロケーションはそれぞれ3種類ある［①出会いのロケーション（Attract）、②なごみのロケーション（Comfort）、③口説きのロケーション（Seduce）］（**図10**）。

ロケーション変更（ジャンプ）は通常、ゲーム中に行われ、「**移動**《ムーブ》」「**飛び込み**《バウンス》」「**時間の橋**《タイムブリッジ》」の3種類がある。ロケーションの変更《ジャンプ》については後章で詳しく取り上げるので、ここでは簡潔に説明しよう（**図11**）。

MOVE（移動）：女を現在の場所からそこに近接する別の場所に移動させること。

BOUNCE（飛び込み）：その日のうちに、女と一緒に別の場所へ行くこと。

TIME BRIDGE（時間の橋）：何らかの要因によってその日のうちにうまく気分を高められない場合、連絡先を交換しておき、しばらくしてから違う場所でゲームを続ける。これをタイムブリッジと呼ぶ。

M3モデルの9局面

「惹きつける」「なごみを築く」「口説く」という3段階のモデルは、それぞれがまた3つのフェーズに分かれている（**図12**）。これらの9つのフェーズについては、後の章で詳しく取り上げよう。

すべてをまとめると――

A1．手堅くゲームをする恋愛術家は、グループにアプローチするときには間接的な「つかみ《オープナー》」のセリフを使う。そうすれば、がっついていたり、ターゲットに関心があるようには見えないし、いまにも立ち去ろうとしているような印象を与えられる。その後、より高い価値を示して、グループから「合格点」を得る――つまり、人々に受け入れられる。

A2．恋愛術家は、ストーリー、ユーモア、戦術、ルーティーン、手相見、ポエムなどあらゆる手段を使って自分の個性を伝え続ける。それと、ターゲットに対して明らかな関心を見せないことが結びついて、男の社会的な価値が高まり、さらに女の気持ちも高まる。すると、女が脈ありサイン《IOI》を出し

図12 M3モデルはさらに9つに分かれる

惹きつける ATTRACT（A1 A2 A3）	なごみを築く COMFORT（C1 C2 C3）	口説く SEDUCE（S1 S2 S3）
A1 アプローチ グループに近づき、「つかみ」のセリフ(オープナー)を言い、グループに受け入れられる。	**C1 会話する** 親しく会話をする。なごみと一体感が高まる。	**S1 前戯** セックスに向けてお互いに高まっていく。ここまで早すぎると、衝動買いの後悔(バイヤーズ・リモース)を招くことがある。
A2 女に関心を持たせる 高い価値を示す(DHV)と同時に、ターゲットに関心がないことを示す。女は脈ありサイン(IOI)を出してくる。	**C2 つながりを築く** お互いに「いい雰囲気」というときめきを感じる。キスする。C2は何度かデートする間に複数回発生する可能性がある。	**S2 最後の抵抗(LMR)** LMRとは、セックスする前の「あとに引けない段階」のこと。女は興奮状態であることが多い。
A3 自分も関心を見せる 女が付き合いにもっと投資するようにエサで釣り、こちらは脈ありサイン(IOI)を出すことでその努力に報いる。	**C3 親しみを築く** 口説きに移行する段階。激しい愛撫が続き、2人は寝室へと移動する。	**S3 セックス** 性的な関係を確実なものにするには、何度かセックスすることが必要。

始める。

A3とC1. 君の愛情を得ようとして女が追いかけてくるように仕向けるため、おあずけを利用しよう。女がますます付き合いに投資するようになったら、男は脈ありサイン《IOI》を示して女にご褒美を与える。それから女をバーカウンターなどの静かな場所に移動させ、なごみを築きはじめる。

C2とC3. レストランへと飛び込み《バウンス》をして「明日寿司を食べに行く」という口実で時間の橋《タイムブリッジ》を経て、7時間を積み重ねる。その間になごみを築き、つながりを深め、信頼を築く。C2のある時点で、キスをしはじめる。最終的には自分のアパートメントに飛び込み《バウンス》することになる。

S1とS2とS3. 最後に、女を寝室に移動させ、前戯を始め、最後の抵抗《LMR》を克服して、セックスをする（**図13**）。

まとめ

●ゲームは現実の世界で行われる。現場に出かけよう。

●**ミステリーメソッドの初心者のための訓練**として、週に4日、毎晩4時間ゲームに出かけること。1時間に3回アプローチをすること。恋愛術掲示板（www.venusianarts.com/forum）に自分の結果を書き込むこと（他人の成果も読むこと）。

●ゲームをすることは、ゴルフや釣りと同じ。長期的な視点で最高の結果を得るためにプロセスを楽

図13　A1からS3までの流れ

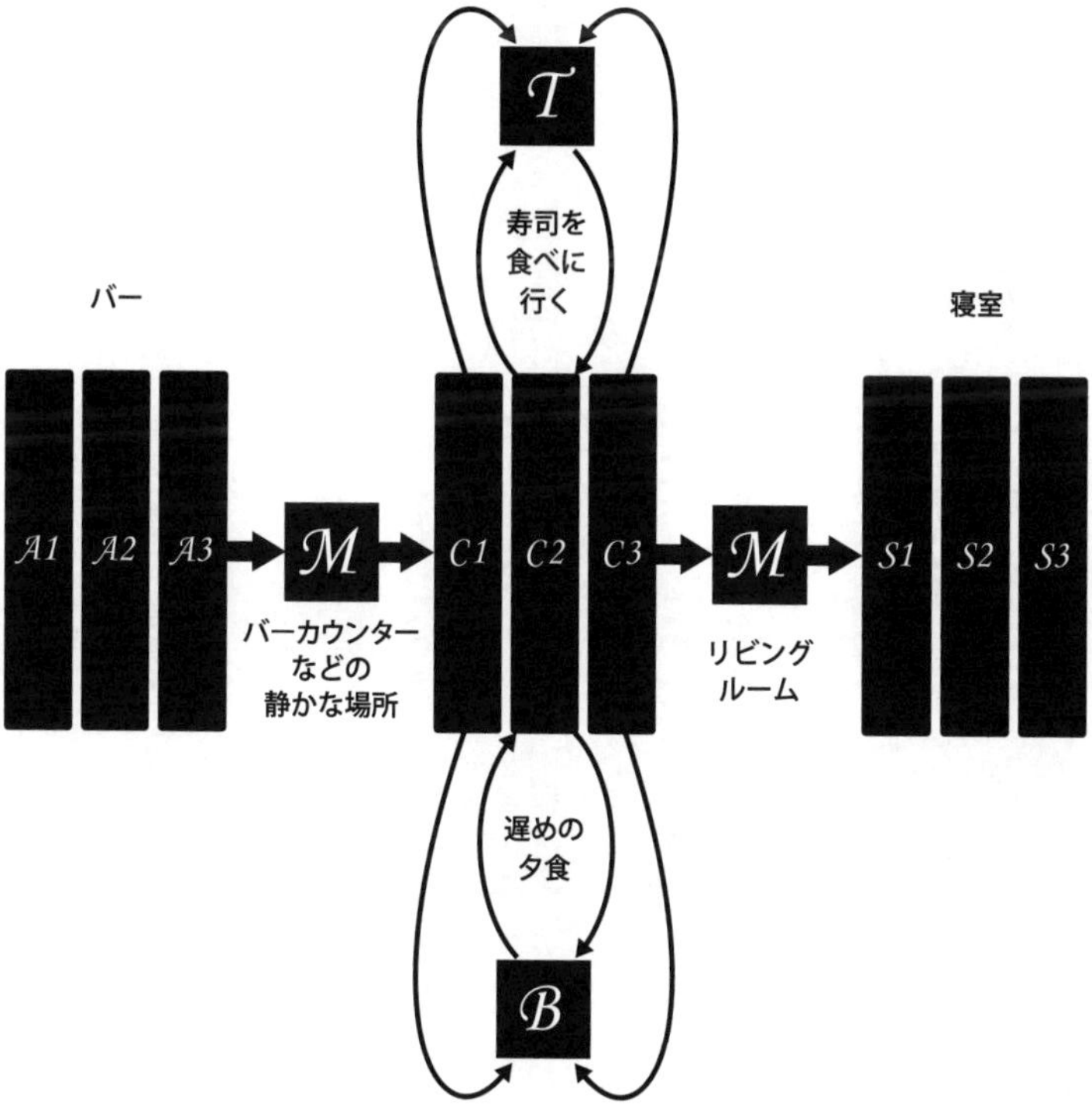

しみ、目の前の結果にこだわらないこと。

●あらゆる性的な関係には、始まり、中間、終わりがある。始まりは**求愛**として知られている。

●求愛にも、**ナンパ（序盤戦）**、**中盤戦**、**終盤戦**の3つの段階がある。

●ミステリーメソッドでは、最初に口説くのではなく、まずは惹きつける。ミステリーメソッドの実践者は口説き魔ではなく、惹きつける男であれ。

●あらゆる女の脳には、生まれつき一定の魅力スイッチが備わっている。「惹きつけられる」というのは、意識して惹きつけられるわけではなく、このようなスイッチが入った結果として、自動的に感じる反応だ。

●女に備わった**事前選択**《プリセレクション》のスイッチは、君がすでにほかの女によって事前承認されていることを確認した場合にオンになる。

●M3モデルとは求愛の仕組みについての説明であり、「**惹きつける**」「**なごみを築く**」「**口説く**」の3段階がある。女を口説く前にはなごみを築く必要がある。女にやらせるのでなく、君が女を惹きつけ、君がなごみを築かなければならない。

●なごみの段階で、君が恋愛対象となる男であり、異性として相手に興味を持っていると伝えることが重要。そうしなければ、**お友達ゾーン**に追い込まれる可能性がある。

●十分になごみを築かなくてもセックスできてしまう現象を**フールズメイト**という。

●女は自らの経験から、男からの絶え間ないアプローチを回避する一定の戦略を作り上げており、「**防**

御シールド」と呼ばれている。そのため、本当は性格のいい女であっても嫌な女に見えてしまうことがある。彼女が本当に性格が悪いとはかぎらない。

●M3モデルの3段階は、それぞれまた3つのフェーズに分かれる（合計9フェーズ）。

A1：アプローチ、**A2**：女に関心を持たせる、**A3**：自分も関心を見せる

C1：会話する、**C2**：つながりを築く、**C3**：親しみを築く

S1：前戯、**S2**：最後の抵抗《LMR》、**S3**：セックス

●ロケーションには「出会いのロケーション」「なごみのロケーション」「セックスのロケーション」の3つがある。

●ロケーションの変更のことを「ジャンプ」という。ジャンプには「**移動**《ムーブ》」「**飛び込み**《バウンス》」「**時間の橋**《タイムブリッジ》」の3つがある。

●**ナンパ**は「**出会いのロケーション**」で起き、アプローチ（A1）、女に関心を持たせる（A2）、自分も関心を見せる（A3）、会話する（C1）までのことを言う。その中には通常、少なくとも1回の移動《ムーブ》が含まれ、飛び込み《バウンス》か時間の橋《タイムブリッジ》で終了する。

●次の段階は**中盤戦**と呼ばれ、1つから複数の「**なごみのロケーション**」で生じ、つながり（C2）のフェーズまでのことを指す。ここでさまざまなバウンスや時間の橋《タイムブリッジ》が生じる可能性がある。この段階が終わると口説きのロケーションに入るが、すでにかなり親密な状態になっている（キスをするなど）。

●**終盤戦**と呼ばれる最後のステージは、親しみ（C3）から始まり、すぐに**前戯**（S1）に移行する。**最後の抵抗**《LMR》（S2）が発生することも多いが、そのあとにセックス（S3）が続く。もし十分になごみを築く前に前戯を始めてしまうと、女に「**衝動買いの後悔**《バイヤーズ・リモース》」をさせることになる。

●女との性的な関係を長続きさせ、確実なものにするためには、何度かセックスしなければならない。彼女は今後も引き続き、君が自分にふさわしい男かどうかテストしてくるだろう。

第5章　フェーズA1――アプローチ

女たちのグループに話しかけることができるようになったら、次の目標は受け入れられること――つまり「合格点」に達すること。グループの人々が君と会話を楽しみ、君と話し続けたいと思ったときがそのタイミングだ。

合格点に達したらA１のフェーズを終了しよう。**脈ありサイン（Indicators of interest）**が現れたら成功したということなので、簡単に判断できる。

出会いのロケーションはどんな場所か

理論上は、どこでも――たとえ近所の道端でも――美女と出会うことは可能だが、確率的には人がたくさん集まっている場所で出会える可能性のほうが高い。美女と出会える確率が高いそういったロケーションのことを「**出会いのロケーション**」と呼ぶ。具体的には、２～５人の小規模な友人グループが集まるような場所を指す。例えば、次のような場所だ。

- レストランやにぎわっているカフェ
- パブ、バー、クラブ
- にぎわっている店、ショッピングモール、野外フェスティバル
- パーティや親睦会

「子孫を残す」という課題に気づいていない女たち

人は公の場に集まって酒を飲み、話し、踊り、買い物に出かけ、食事をする。一部の人間は、パートナーを見つけようとして自分がそうしていることを理解しているが、大多数は自覚していない。意識しないまま、子孫を残すという隠された課題を自らに課している。

女は、こういう集まりにうざったい「いい人」が山ほどいることはよく知っている。だが、自らの感情回路に子孫を残すという課題があり、自分がただ「ダンスをしたいから」外出しているようでいて、実は、積極的な交際をするよう脳に強いられているという事実には気づいていない。

魅力的な女はグループの中にいる

出会いのロケーションに美女が1人でいることはほとんどない。美女たちは、うざったい「いい人」からの絶え間ない攻撃には慣れっこで、信頼できる友人と示し合わせて、はた迷惑な男たちから自分を守ろうとする。

特殊ゲーム「ハイヤード・ガンズ」

「出会いのロケーション」で美女たちを雇っている経営者に感謝しよう。彼らは君のために美女を見つけるという大変な仕事をしている。ハイヤード・ガンズ（プロの殺し屋）とは、例えば、ホステスや、バーで酒を客に持ってきたりレジを担当するシューターガール、バーテンダー、モデル、スポーツバーのウエイトレス、クラブなどでセクシーなダンスを披露するゴーゴーダンサーやストリッパーなど、美しさで集客するために雇用されている女を指す。

俺は多くのハイヤード･ガンズとデートしてきた。現在は「ハイヤード･ガンズに関するミステリー」という週末セミナーで、彼女たちをナンパするためのスペシャルテクニックを公開している（スケジュールはwww.venusianarts.comで確認できる）。

ハイヤード・ガンズとのゲームはやりがいがあるし、実りも多い。彼女たちをナンパするのは、難しいというよりは、やり方が違うだけだ。

魅力的な女がたくさんおり、短時間のうちに連続してアプローチの機会があるような出会いのロケーションのことを「**ターゲット・リッチ**」といい、機会があまりないロケーションを「**ターゲット・プア**」という。

ターゲット・リッチな環境は、美女を見つけ、惹きつける機会が多いだけでなく、短時間で社交スキルを実践する機会をたくさん得られるため、学べることも多い。

ミステリーメソッドは、必ずクラブなどのターゲット・リッチな環境で使わなければ効果がないというわけではないが（スーパーマーケットやカフェでも十分に効果を発揮する）、実践しやすいことは間違いない。俺が恋愛術を教える「ブートキャンプ」では、少人数を連れて美女と交流できる場所へ行くのだが、多くの場合、ラウンジ、クラブ、レストランなどが舞台となる。

開店前から積極的にベストな出会いのロケーションへと出かけて（市内に4、5カ所はある）、夜中まで実践を続けよう。ロケーションについて詳しく下調べをしておこう。トレーニングをし、ゲームの環境に慣れよう。感情的になるな。公共の集まりの場は、恋愛術家の道場なのだ。

女からの「接近」

もしかすると、現場で視線すら合わせてこようとしないシャイな女は、意識的あるいは無意識のうちに君の魅力を理解しているのかもしれない。その場合は君のほうから**接近**することによって、関心を見せてくる可能性がある。

通常、女が近づいてきて脈ありサイン《IOI》を示してくる場合、女は1、2メートルほど離れた場所で顔をそむけている。「人付き合いの恒常性」を保とうとして、君を観察し、アプローチを歓迎する範囲内にいるが、近づきすぎないようにしているのだ。うまくアプローチすれば受け入れてくれるだろう。

君もクラブなどで気になった女に近づいて相手をもっと知ろうとしたり、アプローチする代わりにバーカウンターで女のすぐ隣に行って飲み物を注文してみたことがないだろうか。

また店で買い物などをしているときに、ついさっき見かけた女がまた自分の近くにいると感じたことはないだろうか。女が繰り返し近づいてくるのは君に関心があるということ。わざと君の近くにいるようにして、何か仕掛けられるのを期待しているのかもしれない。また、それは無意識の行動かもしれないが、子孫を残す回路が働いたことによって、君の近くにいようとしている可能性も極めて高い。特に君がすでにターゲットのグループに働きかけている場合、こういうことは思いのほかよく起こる。

「3秒ルール」をモノにしろ

見知らぬ人々のグループにアプローチすると、一時的には気まずい空気になるかもしれないが、美女にアプローチできたはずなのにやらなかったときにも同じくらい嫌な気分になる。

公共の場に行く前に、早めにオープナー《つかみのセリフ》を考えておくこと。惹きつけたい女を見つけたら、3秒以内に彼女のいるグループにアプローチしよう。そのアプローチは必ず反応を引き出すようなものでなければならないし、そのために訓練しておくこと。

いま、3秒ルールをモノにする訓練をしよう。**アプローチ恐怖症が「彼女を落としたい」という気持ちを凌駕する前に、見かけたグループにまっすぐ近づきアプローチするのだ。**アプローチ恐怖症をぶっ飛ばせ。当面の間、この3秒ルールを自分に課すこと。

覚えておいてほしいのは、その場にいる人たちは、君が誰と知り合いで、誰と知り合いでないかなど知るよしもないということだ。周囲の人たちからは間違いなく、君たちは知り合いだと思われる。移動するたびに別のグループにまっすぐ近づいていき会話を楽しもう。隣のグループからは、たくさんの友人がいる顔の広い男に見えるだけだ。

君がグループからグループへ移動するたびに、ポジティブなイメージは高まり続け、高い価値を持つ男という**社会的証明**《ソーシャルプルーフ》が得られる。一定の社会的証明《ソーシャルプルーフ》を得た時点で、あらゆるグループに楽にアプローチできるようになるだろう。

そういうわけで、まだ宵の口のときにアプローチするグループを選ぶときには、選り好みしすぎないこと。選り好みしてターゲットを絞るよりも、どこかのグループに加わっていたほうがいい。人と楽しく付き合うために、毎回本命のターゲットを獲得する必要はない。

こうすることで、アプローチにも自然なおおらかさが加わる。男がアプローチの勇気を奮い起こしているとき、女はそれをかなり早い段階で察知できる。しり込みするところを見せてしまうと価値が下がるかもしれない。3秒ルールに従えば、女には君が突然現れたように見えるし、人間関係にもいいエネルギーが生まれるだろう。

3分間の例外

あるグループを見つけたとき、ターゲットがまさにウエイトレスに話しかけている最中だとしよう。それでも3秒以内にアプローチするべきだろうか。

答えはノー。あらゆるルールには常識に基づいた例外というものが存在するが、これもその1つだ。レストランで着席しているグループにアプローチする場合、アプローチしてから最初の3分以内に「外部からの妨害」が発生しそうだと感じたら加わらない。自由に動ける時間が3分はないと、グループにとけこめないからだ。

俺は3分あればグループにとけこめるので、いったん入り込めば、例えばウエイトレスが注文を取りにくるなどの外部妨害にもうまく対処できるが、もし1分半でウエイトレスが来れば、どうにもできないかもしれない。

邪魔はグループ内部から生じる可能性もある。例えば、ターゲットのグループが横一列に立っており、そこに1分以上とどまるかどうか分からない場合、俺はその時点ではアプローチせずに、彼女たちが着席するのを待つ。その後、アプローチしてから3分間は妨害が発生しないという確信を得てからグループに近づく。

オープナー（つかみのセリフ）は2種類

「つかみ」のセリフとは、グループから注目を集め、自分の存在を受け入れてもらうための短いストーリーやコメントのこと。これを「**オープナー**」という。君自身を正式に紹介したり、グループの美女をナンパする目的で使うものではない。

「ねえねえ。君、美人だね。俺はグレンっていうんだ」などの**直接的なオープナー**を使えば、君の自信のほどは伝わるかもしれない。だが、もしターゲットが友人と一緒にいる場合、友人を仲間外れにしかねない。美女が1人きりでいることはあまりないため、ターゲットをナンパしにいく前に、まずはグループ全体を惹きつけなければならない。

そのため、恋愛術家は**間接的なオープナー**を使うことが多い。俺が使う間接オープナーの例を挙げよう。ただし、これらはほとんどすべてを取り混ぜながら使っている。

ミステリー：マジかよ。外で女たちがケンカしてる。見た？

女たち：【女たちが話そうとする前にさえぎる】

ミステリー：女たちは男のことで争ってるらしくて、そいつに話しかけてみたんだ。やつの名前はグレン。「グレン」って名前はよくないね。で、女たちは髪を引っ張り合って、1人は胸が丸出しになってた。いや、ふっくらしたのを見られるなら俺は大歓迎なんだけど、たるんでダルダルで……ほら、『ナショナルジオグラフィック』で見たことあるような。

そう言ってから、すぐに次のルーティーンに入ろう。

このやりとりで女を落とせるとは思えないって？ そのとおり、それを目的としたやりとりではない。たしかに、おもしろさをアピールし、開けっ広げな人間に思わせるという目的はあるが、この作戦の意義はそこではない。

間接オープナーは、直接オープナーのように脈《I》あり《O》サイン《I》をターゲットに示すことにはならない。もし夫と一緒にいる既婚の女をあからさまにナンパすれば、間違いなくピンチに陥る。だから脈《I》あり《O》サイン《I》を示す前に、グループ内の人間関係や力関係を察知しておく必要がある。そこでこのようなアプローチ方法をとるのだ。自然と自信にあふれて見え、でしゃばりなどと思われることはない。

この例で注目してほしいのは、相手に事実を伝えようとしているわけではないということ。まず最初に人柄を分かってもらうことを目的としている。

現場での振る舞いに関するヒント

バーやクラブは将来の伴侶を見つけるための場所ではないが、**ターゲット・リッチ**な環境なので、ゲームの実践に適している。ヒントをいくつか挙げよう。

● **女に飲み物をおごってはいけない。** 原則として、飲み物をおごると言ってはいけない。女から飲み物をおごってほしいと頼まれたら拒否しよう。より難易度を上げたいなら、女のほうから飲み物をおごってくるよう仕向けよう（このルールは破ってもいい）。

- **毎晩、すべてのグループからフラれるつもりでいこう。**相棒《ウィング》と一緒にフラれる経験を楽しめばいい。
- **相棒《ウィング》に200ドル渡しておき、**君がグループにアプローチするたびに20ドルずつ返してもらおう。このゲームは非常に効果的。
- 1人で出かけることをためらうな。
- **飲み物を抱き枕のように胸の前に抱えないこと。**腰の下のほうで持とう。できれば飲み物は持たないこと。
- **「クール」だとか「タフ」なように見せようとしない。**退屈そうに見えるだけだ。くつろいで、うちとけた態度でいること。
- **熱意**は伝染しやすい。
- 現場を歩きまわるときは**笑顔**でいること。モテない男には笑顔がない。
- **いったんグループにアプローチしたら、あまり笑顔を見せないこと。注目されたくて必死**になっているように見えてしまう。
- 「つかみのセリフ《オープナー》」を言ったのにグループが乗ってこないときは、また違ったことを言えばいい。慣れるために、自分の**ルーティーン集**の中からとにかくセリフを言うこと。ルーティーンをしゃべるだけでも練習になる。
- 自分が根っからの話し好きだと伝えるには、普通、**ウォームアップのアプローチが3回は必要**になる。

●**騒がしい場所は避けること**。話ができない状態でゲームはできない。クラブでいちばん静かな場所を見つけよう。ダンスフロアはワナだ。避けよう。

●**早めにクラブに到着**しておいて、スタッフとうちとけておこう。真夜中になったら別のクラブに飛び込み《バウンス》しよう。こうすればグループにも新鮮な空気が保たれるし、女を連れていく場所もできる。

●**酒は飲まないか、量を少なめに**。アルコールなしでゲームをすれば、自分の力が本当に向上したのかどうか分かる。アルコールで不安をコントロールしようとしないこと。

●**男たちを醜い女だと思おう**。現場には男たちもいる。だが、笑顔がなく、会話する人や笑顔の人に囲まれることもなく、胸元にビールを持ち、「クールに見えるように」振る舞おうとしているやつらは真の競争相手ではない。

●**顔の広い男と友人になって**、彼らを魅了しよう。女の魅力スイッチの1つは**「男たちのリーダー」**に対するスイッチだ。**男たちをリードすれば、女もついてくる**。

●**観察されるようになれ**。現場では絶えず何かイベントが発生する。例えば、グループの人々がポーズを取ってカメラのフラッシュが光る、男が女にダンスを教える、グループの人々が大笑いする、女が印象的で派手なルーティーンを見てあっと驚き、近くの人々は何が起こっているのかとのぞき込む――こういうイベントが起こっているとき、観察する側ではなく、さされる側にいること。

女の防御シールド

女は、ＳＲ価値が低そうな男から身を守るために、多くの戦略を利用する。例えば……

- ●指輪をつける
- ●彼氏がいると言う
- ●友人たちに囲まれる
- ●アプローチが難しい場所に座る
- ●侮辱するような言動をしたり、不機嫌になったりする
- ●否定的なしぐさをする
- ●視線を合わせない
- ●無関心
- ●やけに陽気になって、ダンスしたがる（＝会話をしようとしない）
- ●空気が読めないふりをする
- ●防御の姿勢を見せる

まとめよう。女は自分を守るためにそれぞれ独自のシールドを張りめぐらしている。これらのシールドは、中途半端なこずるい態度から容赦ないものまで、さまざまだ。

以前グループにアプローチしようとしたら、いきなり「あっち行って！」と女に怒鳴りつけられたことがある。もしそういうことがあっても気にせず次へ進んで、それを自分のせいだと思い悩んだりしないこと。誰にだって機嫌が悪い日はある。

アプローチのフェーズでは、シールドを破り、受け入れてもらうことが目標だ。

もし女が君を粗末に扱ってきたら（「あっち行って！」と怒鳴られないといいのだが）、しぶとく粘ってシールドをこじ開けたくなるかもしれないが、そういう目先のことだけにとらわれた戦術はかえって君の価値を損なう。そうではなく、彼女をだましてシールドを弱めればいい。つまりセックスに持ち込みたいがゆえにここにいるのではないと思わせるのだ。彼女は異性として見られていないとさえ考えるかもしれない。

もし「駒《ポーン》」がいるなら、駒《ポーン》と一緒にターゲットのグループに加わってもいい。駒《ポーン》とは、別グループへのアプローチをしやすくするために、あらかじめ引っかけておいた女のことだ。駒《ポーン》を使えば、ターゲットの防御シールドを弱められる。

シールドを通過するには、「**無関心なフリ**」や「**偽りの時間制限**」などの方法がある。この章ではこれらのテクニックの詳細を説明していこう。

これらの戦術の共通点は、すべて「相手への無関心を伝えている」ということ。言い換えれば、女は自分のところに居座ろうとしない男のことはシャットアウトしない。そういう男には安心できるのだ。

重要なのは、何が起ころうと――たとえどれほど受け入れがたいものであっても、女のシャットアウト行動から影響を受けないことだ。もし女の行動に動揺すれば、君の価値は下がる。けっして怒らず、上機嫌で、女に影響されないこと。何が起きても大したことではない。

君の価値の高さと、女に飢えていないところを見せれば、女は心を開き始めるだろう。シールドの弱体化に成功したかどうかを判断するためのヒントは次のとおり。

- ●女が君の出来の悪いジョークを笑ったとき。
- ●女が君を振り返り、視線を合わせ、君に反応するとき。
- ●女が君に触れたとき（君の腕、脚、ネックレス、髪を優しく触るなど）。
- ●女が君の名前を尋ねてきたとき。

行動パターンを使いまわす「台本」

ミステリーメソッドでは行動やセリフをひとまとめにしてあらかじめ準備した「**台本**」を使う。価値を示すような特定の行動パターンを身につけ、それを現場で使う準備ができてはじめて、完成したということだ。

台本はうまく使えば、グループに受け入れられるまでの間もずっと大きな反応を引き出し続けられる。これは強力なツールだ。もちろん、ツールがたった1つだけでは心もとない。柔軟な恋愛術家であるために重要なのは、のびのびと自然な会話をすること。そこから最高の台本も生まれる。台本がうまく伝えられなければ、スキルはまだ不完全ということだ。

ナンパをするなら、現場で使える台本の**ルーティーン集**（「つかみ《オープナー》」のセリフなど）を用意しておくことをお勧めする。ルーティーンや戦術は、ネットで売買されていたり、書籍もあるが、いずれは自分オリジナルのセリフを開発していくことになるだろう。

さまざまなルーティーンを実践して自分のものにできれば、アプローチに対する恐怖はだんだん消えていき、やればやるだけパターンも増えてくる。現場の状況や、女の反応も簡単に予測できるようになる。人と付き合ううえでの課題が見えて、解決できる。君がハイパースピードで動く一方で、周りの世界の進み方は遅くなっていく。

映画『スパイダーマン』を見たことはあるだろうか。主人公のピーター・パーカーは、クモにかまれたことで超能力を手に入れた。ゴロツキのパンチをかわして後ろに身体をそらしたとき、彼にはすべてがスローモーションのように見えていた。

いずれ君もそんなふうに「グループに受け入れられた」ことが瞬時に感じ取れるようになる。初対面のグループに加わってどんな女でも手に入られるなんて、今はまだ信じられないかもしれない。だが本物の恋愛術を修得するというのはそういうことだ。まさに超能力なのだ。

同じストーリーやルーティーンを数十回も繰り返せば、話す内容を考えておく必要さえなくなり、次の行動やほかの課題に頭を悩ませることもない。その行動やセリフをきっかけに始まるさまざまな会話の糸口もすでに想定済みだ。まるで未来を見てきたかのように感じられるときがくるだろう。

ルーティーンを正しく使う

台本を使うときには、その内容よりも重要なことがたくさんある。女は、相手の視線、声の調子、しぐさなどのささいな部分から、その男が高いSR価値を持っているかどうかを察知する不思議な直感を持っている。

台本を使えば、内容はある程度自動的に出てくるので、セリフを練習する機会も増える。言い方を改善していけばいくほど、より自然で、意識せずに会話できるようになっていく。**伝え方1つで、高い価値があることを示せるようになるだろう。**

表現力

ほとんどの初心者には、自分を自信満々に見せるほどの表現力はない。初心者は、生き生きした表情ができているかどうか、声の調子にも注意してもらいたい。実際に必要とされる水準の表現を見たら、やりすぎと感じるかもしれないが、必ずしもそうとはかぎらない。
表現力を駆使すれば、グループを簡単にとりこにできる。感情豊かなしゃべり方や表情をすることで相手から反応を生み出せることにやみつきになるかもしれないが、真の恋愛術家ならば抑えた表現であっても惹きつけられなければならない。

グループにアプローチする場合、グループのテンションよりもやや高めのテンションで加わっていくことが重要だ。グループのテンションよりも低いテンションで加われば、君が一員になっても相手をがっかりさせるだけで、関心を持たせることはできないだろう。

君のテンションがあまりにも低すぎると惹きつけられない。逆に、高すぎるテンションでアプローチしても、簡単に引っ掛けられるが、うまく終了できなくなり、グループの人々から君はでしゃばりだと非難されるだろう。ちょうどいいテンションでアプローチすることでグループは夢中になり、いい結果を生む。

そのグループに適切なエネルギーがどれくらいなのかを正確に把握する調整力を身につけるには、とにかく現場に出るしかない。

偽りの時間制限

たとえグループにアプローチできたとしても、それは自分の価値を十分に見せつける時間が得られたということではない。初めのうちは、君と、いわゆる負け組の男たちとの見分けはほとんどつかないので、女はこんなふうに考えはじめるかもしれない。「最悪なんだけど。この男いつまでここにいるつもり?」「この男から離れるためにダンスフロアに行くか、トイレに行くか、飲み物でも買いに行こうかな」

　そんな状態で君に惹きつけられるわけがない。そんなときは、すぐにここから立ち去るつもりだと錯覚させよう。A1では、君が立ち去ろうとしているとつねに感じさせ続けること。

「立ち去ろうとしている」印象を与えるやり方はいくつかある。1つは**偽りの時間制限**を設ける方法だ。例を挙げよう。

- 「あのさ、いますぐ行かなきゃいけないってわけじゃないんだ。まだ少しなら時間があるから、ちょっとやってみたいことがあって……」
- 「ちょっとだけならここにいられる。友達と一緒だからさ。これ見て……」
- 「少しなら時間があるから話すよ。あのさ……」

「つかみ《オープナー》」のセリフをいくつか口にしたあと、偽りの時間制限を利用しよう。合格点に達したら、次にまた別の偽りの時間制限を伝えること。なぜか分かるだろうか。グループの人々はこの時点ではもう君にここにいてほしいと思っているため、ここで偽りの時間制限を伝えることによって彼らは君を失うかもしれないという不安を覚える。そしてターゲットが君を追いかけるサイクルが始まるのだ。

ボディシフト

ボディシフトは、いまにも立ち去りそうな印象を与えるために身体の動きを利用すること。つまり言葉にせずに時間制限があるかのように錯覚させるテクニックだ。

グループの人々に、君は長くここにとどまるつもりがないようだと思わせよう。話すたびに向きを変えて、いまにも立ち去ろうとしているかのように重心を後ろ足に移して、それからまた元に戻して「あ、ところで、あっちへ行く前にさ……」と言って、次のストーリーやルーティーンを並べよう。

ただしグループにとけこもうとしているときは、余計な動きはしないほうがいい。初心者は無意識にやたら動いたり、そわそわしがちだが、神経質そうに見えてしまうので注意すること。それを指摘してくれる親切な相棒《ウィング》がいないと、自分が落ち着きなく見えている自覚すらできないかもしれない。せっかくうまくいっているのに動きで台なしになってしまうこともある。

動きが少ない人（つまり反応が少ない人）ほど、社会的な地位が高く見られる。ボディシフトなどの計画的な理由で動いているのでないなら、くつろいだ姿勢で同じ場所にいるほうがいい。そわそわするのはやめよう。

移動中のグループにアプローチする

その場にとどまらずに、場を横切っていこうとするグループもいる。君の「つかみのセリフ《オープナー》」は、彼女たちの足を止められるほど強力だろうか。

動いているグループへのアプローチは、例外なく極めて難しい。このとき最も重要な原則は、君が追いかけていることにけっして気づかれてはいけないということ。もし悟られたら、君の価値は低いと思われ、女たちは立ち去っていく。これを避けるには、アプローチしたときにその場にしっかりと立ち止まり、グループのメンバーの間に割り込んではいけない。

一方、**動いている対象はそのまま動き続ける傾向があることも頭に入れておこう。**動いているグループにアプローチするテクニックは次のとおり。

①グループの少し前方に位置取って、同じ軌道を歩く。
②グループを振り返って「つかみ《オープナー》」のセリフを言ってから、話すにつれて前方に向き直る。
③グループのそばを歩き、女たちとゲームを続ける。速度を落とし、自分の歩くペースが彼女たちのペースと合っているかどうかを観察する。

座っているグループにアプローチする

座っている女にアプローチすることにして、グループの近くへ行き、間違いなく好感を持たれるセリフを言ったとしよう。だが時間がたつにつれて、徐々に注目を失い始めてしまった。さて、いったいどこで間違えたのだろうか。

グループの人々が座っているのに君が立ったままだと、彼女たちよりも君の身体的な心地よさは低い。これは、君が作り上げるべき状況――つまり「君がグループに感じている重要性よりも、グループが君に感じている重要性のほうが大きい」という状況に反する。そのため、時間がたつにつれて次第に彼女たちは君の価値が低いと感じるようになってしまったのだ。

価値の高い男は居心地の悪い状況に甘んじることはない。だからほかの人々と一体感《ラポール》を築くことができる。

残念ながら、座っているグループには単純なアプローチで加わることはできない。そんなことをしたら、注目されたくて必死になっているように見えてしまうからだ。座っているグループにアプローチする効果実証済みの例を挙げよう。

①グループにアプローチする（立っているグループにするのと同じように）。
②「つかみ《オープナー》」のセリフの一環として、偽りの時間制限を利用する。
③椅子をつかみ、グループのメンバーたちに混じるときにもオープナーを続ける。座ると同時に話をしていることが重要だ。
④次のルーティーンを続けて話している間に、ここから去ろうとしているかのように立ち上がる（言葉ではない偽りの時間制限）。
⑤偽りの時間制限をしながら再び座り、ゲームを続ける。

ただし、このテクニックだけでうまくいくと思わないでほしい。アプローチ、偽りの時間制限、ルーティーンを現場で繰り返し実践し、能力を強化すること。重要なのはテクニックそれ自体ではなく、それをどのように実行するかだ。

しぐさ

まず**「つかみ《オープナー》」のセリフを言うときに、身体をグループのほうに向けないこと**。話しかけるときには顔を向けてもいいが、身体を向けてはいけない。

足がどこを向いているかということだけで、実に多くのことがばれる。オープナーを言っているときに一体感《ラポール》を築こうとしていると思われれば、グループの人々はそれを価値の低い行動だととらえる。そして君のことを価値の低い男だと思って拒絶するだろう。

実地調査の結果から、アプローチに成功する確率は「しぐさ」という要素に劇的な影響を受けることが明らかになっている。ここでアプローチの流れを2つ伝えておこう。

1つ目は、友人たちのところに戻ろうとする途中で何気なくグループのそばを歩き、ターゲットのグループの横を通過しながら、立ち止まって彼女たちに振り返り、「つかみ《オープナー》」のセリフを発する。「つかみ《オープナー》」のセリフでグループが夢中になり始めたら、身体をグループに向ける。

2つ目は、すでにあるグループの一員になっており、ターゲットのグループと隣り合っている場合だ。この場合、高い価値を持つ社会的証明《ソーシャルプルーフ》を得る方法は次のとおり。まず適切なタイミングでターゲットのいるグループに背を向けて、肩越しに「つかみ《オープナー》」のセリフを言う。彼女たちが夢中になりはじめたら、身体を向けてもいい。

調整力を身につけよう

女がセリフに夢中になると、身体をこちらへ向きなおしてくることが多い。女がそうしてきたら、君も相手に身体を向けよう（女の適切な行動にご褒美を与えるのだ）。ただし、焦ってそうするとがっついていると思われてしまう。調整力で流れを感じ取ろう。

「つかみ《オープナー》」のセリフを言ってから最初の30～60秒以内に、君の身体をグループのほうに向け、彼女たちもこちらを向かせなければならない。物理的にグループの向きを変えさせるのではなく、そういう状態になるようにアプローチするのだ。

ゆったりもたれかかろう

次に現場に出たときに、さまざまな人たちの会話を観察してみよう。誰がどれほど身を乗り出しているか、また別の人がどれほどゆったりと椅子にもたれかかっているかを見てほしい。

ゆったりともたれかかっている人は、前のめりの人よりも大きな力を持っているように見られる。前のめりになると、ターゲットから君への思いよりも、君からのターゲットへの思いのほうが大きいというメッセージを与えてしまう。結果、君の価値は彼女よりも低いということになる。

このように、微妙なしぐさがグループにとけこめない重大要因になっていることも多い。初心者はターゲットがしゃべるたびに**前のめり**になってしまいがちだが、絶対にやめること。女の感情回路が「この男は高いSR価値を持っていない」と告げて、反応しなくなる。

声のトーンとテンポに気をつけよう

声は極めて重要だ。問題点をすべて解決するのは難しいが、一定のレベルにまで改善できる方法はある。大切なポイントは次のとおり。

- **横隔膜を使って、深く力強い声を出すこと**。なまりがあるのもよくない。自分の問題点をよく知って、ボイストレーナーの指導を受けて問題を解消すること。
- **声と一緒に感情を表現すること**。演技や即興のコメディの講座を受けてみるのもいいだろう。
- **ゆっくり、はっきりと話すこと**。語彙から「えー」「で」「あのー」を排除する。
- **十分に間を取りながら話し、話し方に一定のリズムを作ろう**。こうすることで、君の発言に注目を引きつけられる。
- **大きな声で話すこと**。女は、声の大きな男に自動的に反応するよう設計されている。かといって常識外れの大声で話し続けろということではない。「大声」が騒々しい場所で役立つことが分かっていれば、アプローチはますますよくなっていくだろう。

どれも簡単に試すことができるので、ある10グループに対して大きな声で十分な間を取りながらアプローチし、別の10グループに対してはあまり間を取らずに小さな声でアプローチしてみよう。明らかに反応が変わってくるだろう。現場はウソをつかない。

不調和を克服する

本来の自分とは違うキャラのルーティーンを使おうとして、とってつけたようにしかしゃべれなくなってしまうことがある。このように、言いたいことと言い方が噛み合っていない状態を**「不調和」**と呼ぶ。

女に関心を持たせるには興味深い男にならなければいけない。そのために、恋愛術家同士でネタを共有し、戦術を考えよう。**誰か1人が成功すれば、ほかの男たちもその戦術を使えるというわけだ。**「ありのままの自分でやるべき」とか「テスト済みのセリフなど使うべきではない」などと言ってくるやつもいるかもしれないが、これらのセリフは現場での貴重な実践の機会を与えてくれるし、それによって調整力も磨かれ、おもしろいことも言えるようになっていく。

コメディアンと同じように、ＰＵＡもエンターテイナーだ。ＰＵＡがやるべきことは、ターゲットの興味を引くようなキャラクターを示すのに十分な時間、グループの人々の心を惹きつけること。セリフを駆使して、グループに（そして、遠回しに彼女に）自分のキャラクターを伝えるのだ。

コメディアンがジョークを飛ばすと、人々は「そのジョークおもしろいね」と言うが、できのいいジョークをいくつかまとめて続ければ「〝彼は〟とてもおもしろいね」と言われるようになる。称賛を受けるのはネタではなく、コメディアン自身になる。

想像してみてほしい。新人コメディアンが、友人との会話中に、偶然おもしろいジョークを飛ばして大ウケしたとしよう。そしてこう考える。「これはいいな。今度ネタとして使おう」

そして数日後に舞台でこのジョークを口にするが、大スベリしてしまう。「あのときは大ウケだったんだけどな。今日の客はノリがいまいちだったな」

そこで、翌週もこのジョークを何度も繰り返して飛ばしてみたが、やはり観客を笑わせることはできなかった。「うーん、なんで前はうまくいったんだ？　悪いのはネタなのか、観客なのか……」

さらに翌週もそのネタを試してみたが、やはり観客を笑わせることはできなかった。彼はもう十分だと考えて、ネタをボツにした。

さて、このときベテランのコメディアンならどうするだろうか。ベテランは観客の前でジョークをたった3回使っただけではまだまだ足りないことを知っている。最初にそのジョークを友人たちに話したときのような、順序立った自然なタイミングを再現するには、観客の前で何度も繰り返しジョークを使わなければならない。

厄介なことに、新たなルーティーンを発見するたびにこの「**順応**」の過程を経なければならない。

台本どおりにうまくセリフを話せるようになるまで、少なくとも24回以上やる必要があるかもしれない。

1ついいことを教えてあげよう。ひと晩に12回以上アプローチすれば、わずか二晩で自然なルーティーンが完成する。週ベースで新しいルーティーンを加えていけば、本当に必要なときにあらゆるパターンのセリフが口をついて出るようになる。

君には近い将来、ハイグレードな女を惹きつけるチャンスが来る。準備はいいか？　――つまり、完全にモノにしたセリフはあるか、それはちゃんと女を惹きつけるものになっているかという意味だ。

社会的証明《ソーシャルプルーフ》を手に入れろ

現場を歩き回り、女全員をじろじろ品定めしながらアプローチをかける女を探そうとする男がいる。この行動は女から見れば強欲に映るうえに、他人からは必死に見える。また長時間1人で歩き回ることによって「協調性がない」と思われて、ほんの数分で社会的価値は地に堕ちる。

また、真ん中に立って周囲を見回す男もいる。どのグループにも所属せず、女たちとつるみもせず、グループを仕切っているわけでもないように見えるなら、実際にそれをしている男よりも社会的価値が低いことを表す。

社会的な価値が低いと思われていると、たとえ1つのグループへのアプローチに成功しても、次のグループへのアプローチが難しくなる。つまり、**ネガティブな社会的証明《ソーシャルプルーフ》**を築いてしまったというわけだ。

恋愛術家は女友達《ピボット》や相棒《ウィング》と一緒にいるので、周りを見回すようなことはしない。周囲からは友人同士で会話し、交流を楽しむ価値の高い2人だと思われている。

周囲を見回すようなことをすれば、顔つきは真剣味を帯び、いまいる場所よりもっと価値が高い場所を探していることを悟られる。優れたPUAは、現場でいちばん楽しく貴重な場所は、自分のいる場所だと考えるものだ。

女は、自分の持つ価値と楽しみよりも大きな価値と楽しみを持つ男を探し求めている。君はそれに見合う価値を持ち、価値があることをはっきりと知らしめなければならない。社会的な価値の高さを示す明確な一連の行動によって知らしめよう。3秒ルールに従えばグループの一員に加わる機会も増えるし、社会的証明《ソーシャルプルーフ》も高まるだろう。

社会的証明《ソーシャルプルーフ》が高まれば、女と近づく機会もますます増えるし、女たちも視線を合わせるなどの**ナンパ待ちサイン**を送ってくる。だが、ナンパ待ちサインが出るのをただぼんやりと待っているだけではよろしくない。実践を重ね、ナンパ待ちサインがなくとも定期的にアプローチできるべきなのだ。

まとめ

●A1の開始は君が「つかみ《オープナー》」のセリフを発したときだ。

●A1は、「**合格点**」に達したときに完了する。それはグループの人々が、君に立ち去ってほしいとは思わなくなり、逆にその場にとどまってほしいと思いはじめる瞬間のこと。

●「**出会いのロケーション**」とは、ゲームの実践のために訪れる**ターゲット・リッチ**な環境のこと。「**現場**《フィールド》」とも呼ばれる。

●女は、アプローチの受け入れを示すために「**接近**」という方法をとることが多い。彼女たちは無意識のうちに接近してくる可能性がある。

●女からの接近や**ナンパ待ちサイン**は存分に利用すべきチャンスだが、腕の立つPUAはそういったサインを待たずとも、いつでもグループにアプローチできるものだ。

●**3秒ルール**では、現場に入って3秒以内にグループにアプローチしなければならない。グループに入り損ねても、次のグループに視線を向けて、3秒以内にアプローチすること。このルールに従えば君の**社会的証明**《ソーシャルプルーフ》は高まり、人々の反応にも影響を与える。

●**間接的な「つかみ**《オープナー》**」のセリフ**は、相手に関心を持っていることに気づかれずにアプローチできることが実地調査で証明されており、ミステリーメソッドでよく使う。ただ、直接オープナーなど、ほかのセリフも有効な可能性があるので、自分自身のアイデアを試し、実地試験をすること。

●「クール」とか「タフ」に見えないようにする。くつろいでうちとけているほうがいい。

●通常、その晩の手始めとして、2、3回の**ウォーミングアップのアプローチ**が必要だ。

●酒は飲まないこと。

●男がいるグループにアプローチするように努め、男ともゲームをしよう。**女には「男たちのリーダー」に対する魅力スイッチが内蔵されている。**

●女はさまざまな**防御シールドの戦略**を持っており、価値のない男を排除するために使っている。ただし恋愛術家は相手に関心がないことを伝えると同時に自分の価値の高さを示すことによって、女のシールドを弱めるよう誘導できる。

●ミステリーメソッドでは「**台本**」を利用する。これによって一定の反応が得られる。使えるルーティーンをたくさん生み出そう。

●セリフの内容よりも、自然なしぐさや表情、声の調子でセリフを言うことのほうが重要だ。

●オープナーは状況に応じたものでなければならない。

●恋愛術家は、**偽りの時間制限**を設けることによっていまにも立ち去ろうとしているような錯覚を人々に与える。これはつねにアプローチのための強力なツールになる。

●**ボディシフト**とは、まるで時間制限があるかのように錯覚させるしぐさのこと。

●移動中のグループにアプローチするときに重要なのは、追いかけていることに気づかれないようにすることと。

●座っているグループにアプローチする場合、オープナーを言った直後に、彼女たちと同じスペースに座ることが重要だ。**偽りの時間制限を利用し、話しながら座ること**。

●現場で新たなセリフを使ってみると、ぎこちなくて場の空気から**浮いている**感じがするかもしれない。数日間にわたる現場での実践を通じてのみ、新しいセリフに慣れることができるだろう。

●飲み物を胸の前に持つ、壁に向かって立つ、男だけのグループにいる、強欲に現場を品定めして回る、真剣な表情で現場を見て回るなどの行動は、**ネガティブな社会的証明《ソーシャルプルーフ》**となる可能性がある。

第6章　フェーズA2——女に関心を持たせる方法

グループにアプローチできるようになったら、いまこそ美女を惹きつけるときだ。

まず最初に、グループの中からターゲットを選ぼう。美女はたくさん存在するし、ターゲットにしたい女はいくらでもいるかもしれないが、**ネグ**（ターゲットを否定しているようにも思わせる微妙な発言）するためには誰か1人を選ばなければならない。もしグループの誰にもまったく魅力を感じなかったとしても、実践経験を積むために、思うままに任意のターゲットを選ぶこと。新たな友人を作ることはできるだろう。

グループに**高い価値を示して**（**Demonstrate Higher Value／DHV**）、ターゲットをネグすれば、君に惹きつける力が生まれる。すると女は脈ありサイン《IOI》を送ってくるので、そこから自分の作戦がどの程度の効果を上げているのかを測定しよう。これがA2のポイントだ。

脈ありサインの例

女は惹きつけられると、分かりにくいものかもしれないが、間違いなく脈ありサイン《IOI》を出し始める。このサインに気がつけば、女の気持ちの測定に役立つ。

女はなかなか脈ありサイン《IOI》を見せようとしないが、出すときには無意識のうちに出してしまっていることが多い。恋愛術家を含む男たちも、無意識のうちに脈ありサイン《IOI》を出していることが多いが、実践を重ねれば美女にも慣れてくるので問題ないだろう。

女の出す脈ありサイン《IOI》の例は次のとおり。注意してほしいのは、それぞれの脈ありサイン《IOI》を出させるのに必要な惹きつけのレベルはまちまちだということ。例えば、「名前を尋ねてくる」サインを出す程度には惹きつけられている場合も、まだ「一緒にその場を離れて飛び込み《バウンス》する」ほどには惹きつけられていないかもしれない。

●君が話すのをやめると、会話を再開しようとする。
●クスクス笑う。
●触れてくる。
●一体感《ラポール》を築いてなごんだ雰囲気を作ろうとしてくる。
●繰り返しずっとこちらを振り返ってきたり、チラッと見てくる。
●自分に気がついてほしそうに髪を揺らす。
●遠くから視線を合わせると、少しの間見つめてくる。

●ほほ笑みかけてくる。
●近くにくる（接近）。
●近くにいて君の会話をさえぎったり、君が話すことに笑ったりする。
●通りかかると、身体を君に向けるかぶつけてくる。
●女が友人に何かを話し、２人でクスクス笑う。
●照明や時間など、何でもいいので、会話のきっかけとなるようなことを尋ねてくる。
●君が女のグループと話している間、（君の関心を得るために）口数が多くなる。
●名前を尋ねてくる。
●年齢を尋ねてくる（女に推測させよう）。
●君を褒めてくる。
●はしゃぎ、君を挑発してくる。
●同意はしていないが、笑う。
●笑いながら腕をたたいてくる。
●君にニックネームをつけて呼ぶ。
●君に話しかける間、髪をいじっている。
●君の隣に座ったとき、彼女の脚が君の脚に触れる。
●どういう形であれ、繰り返し触れてくる。

●彼女がいるかどうか尋ねてくる。
●君に彼女がいるかどうか知らないのに、君の彼女について何か言ってくる。
●トイレに行っても戻ってくる。
●話すときに、長時間視線を合わせてくる。
●彼氏について話そうとしない。
●君があることを好きだという話題になると、私もそれが好きだと言うか、「誰かやり方を教えてくれないかな」などと言う。
●女が何かを話すか行うとき、君のほうを見て反応を確認する。
●自分が見ているという事実に気づかれないよう、横から君を見つめてくる。
●君を友人たちに紹介する。
●君に飲み物をおごる。
●君のことを、遊び人、あるいは浮気者と呼ぶ。
●外に出るとき、去ることを告げるために再び近づいてくる（電話番号を手に入れよう）。
●外に出ようとすると、どこへ行くのかと尋ねてくる（女を誘おう）。
●君からの電話に出る。
●女が君の近くにいる口実を作り、君と親しくなり、２人きりになろうとする。

なかでも最も重要な脈ありサイン《IOI》は次のとおり。

- ●君が話すのをやめると、会話を再開しようとする。
- ●クスクス笑う。
- ●触れてくる。
- ●一体感《ラポール》を築いてなごんだ雰囲気を作ろうとしてくる。

また、女があることを「する」のではなく、「しない」ことによって関心を表現することがある。これを**受身の脈ありサイン《IOI》**と呼び、その女が示す唯一の脈ありサイン《IOI》であることも多いので、非常に重要だ。例を挙げよう。

- ●友人たちがトイレ、バー、ダンスに行こうとしているのに、自分はその場にとどまろうとする。
- ●君のところに来て、いつまでも親しげにする。
- ●君が移動すると女もついてくるか、君のことを待っている。
- ●たまたま近づきすぎても、ひるんだり後ずさったりしない。
- ●スキンシップが激しくなってきても、抵抗しない（あるいは、自分を尻軽だと思いたくないので、見せかけの抵抗をする）。

偽りの脈ありサイン

女たちは脈ありサイン《IOI》をでっち上げたり、ウソをついたりするので用心すること。

例えば、飲み物をおごってほしいときなどに脈ありサイン《IOI》を出してくる可能性がある。その女は君に惹きつけられているのではなく、君を操ろうとしている。もし君が簡単に操られてしまうようなら、当たり前だが、あまり魅力的な男ではないと思われるだろう。また、暇つぶしに君を手元に置いておくために脈ありサイン《IOI》を出してくるかもしれない。

君を振ろうとして脈ありサイン《IOI》を出す可能性もある。例えば、君を厄介払いしようと思って、「トイレに行ってくるね」と話しかけ、腕に触れることでさよならを伝えようとしてくるかもしれない。

また、自分の脈ありサイン《IOI》に応えさせられるかどうかを確認するために、脈ありサイン《IOI》を出すこともある。もし君がやすやすと彼女の脈ありサイン《IOI》に反応すれば、価値が低いと見なされて別のもっといい男を探しに行くかもしれない。褒められたからといってすぐに飛びつかないこと。

脈なしサインの例

脈なしサイン（Indicators Of Disinterest／ＩＯＤ）もいくつかある。

●避けようとする——視線が合うのを避ける、君の要求を避ける、全体的に君を避ける。

●君がいま話したばかりのことを聞いていないふりをする。
●会話に貢献しようとしない。
●すぐイライラする。
●立ち去るか、横を向く。
●身体をそらし、後ろ向きになり、別の人に話しかける。
●反応がなくなるか、会話を聞き流し、「あ、そう」と繰り返し言う。
●一緒に行動せず、50センチ以上距離を取られている。付き合いに投資しようとしない。

Ａ１とＡ２のフェーズを実践していけば、脈ありサイン《IOI》を得るスキルも身についてくるだろう。魅力的な女に魅力的だと伝え、飲み物をおごると言って、しつこく粘り、たくさん質問したところで、勝利への道にはたどり着けない。だがＡ１（間接的な「つかみ《オープナー》」のセリフを口にし、がっついて見えないようにする）と、Ａ２（「ネグ」と「高い価値の提示《DHV》」を交互に）のフェーズを実践すれば、簡単に脈ありサイン《IOI》が手に入る。

映画『タオ・オブ・スティーヴ』（２０００年。さえない風貌の主人公が、周囲の女性をうまく口説いてはベッドに連れ込むラブコメディ）を観た人ならご存知のように、Ａ１とＡ２の要点は、この映画の冒頭に出てくる２つのルールと同じだ。「物欲しそうにせず、有能さを見せつけること」。

ネグのセオリー

9点や10点の美女は、毎日のように気まずい空気に耐え続けている。男たちが絶えず「どこから来たの?」「名前は?」「きれいだね」と話しかけてくるからだ（それさえなければ、悪い男じゃないのに……）。

美人は性格が悪いと言う人もいるが、それはどうだろうか。俺の恋人たちはみんな美人だったが、思いやりがある子ばかりだった。もちろんそれは、俺がネグをうまく使って最初の防御を崩したあとの話だが。

美女の多くは、退屈な男を追い払うために嫌な女のふりをする特技を持っている。毎日の退屈な集中攻撃をすぐ追い払える戦略がなければ、誰とでも――たとえSR価値がほとんどない男とでも――会話せざるを得なくなってしまうからだ。

実際に高い価値を示して見せるまでは、女は君のことを価値のある男だとは思わない。そこで、ターゲットから判断を下される前に、まずは高い価値《DHV》を示す機会を作ろう。

9点と10点の女はしょっちゅう「ノー」と言っているせいで、やっと自分の求めていたような男に出会えた場合でも反射的に相手を不愉快にさせる対応をしてしまうことがある。一方で、高い価値を持つであろう男と出会った場合の「イエス」は、心からの「イエス」を意味するという良い点もある。

現在のような社会環境では、美女は男の拒絶が得意でなければいけない。言い寄ってくる男全員とベッドインするわけにもいかないので、うっとおしげな顔をして「ノー」と言い、その他いくつかの遮断メカニズムを使う。そして、多くの不幸な男は怒って立ち去り、失敗したと思い、厳しく拒絶してきた女を嫌なやつだと考える。

出会ったばかりの男からビールを渡されたときの女の気持ちをソーシャルダイナミクス的に訳せば、「あなたのことなんか知らないし、関心もない。平凡な男には興味もないんだけど、冷たくする前にビールだけはもらっておいてあげようかしら」と言い換えられる。これは「私には、飲み物をおごってくれるバカ男たちを振り回す力がある」と考えていると解釈できる。

魅力的な女はアプローチあしらいがうまいので、反撃方法を学ぼう。それは美女たちを侮辱しろという意味ではない。彼女たちは「このクソ女が！」などという暴言で傷つけようとしてくる男には慣れっこだ。では、一体どうすれば侮辱せずにあしらえるのだろうか。

ちょっと想像してみてほしい。ある美女が長いネイルをつけているとしよう（現在はアクリル製のつけ爪が多い）。そこで「きれいなネイルだね。それ本物？」と言ってアプローチする。彼女はそれが本物の爪ではないと認めざるを得ないだろう。こちらはその質問がけなす言動だったとはまるで気がついていないように「へえ……（間を置く）。……まあ、似合ってるよ」と言う。次に一瞬、何気なく彼女に背を向ける。

この行動は彼女からはどう見えるだろうか。彼女はすぐ、男にとって自分の価値が失われたのだと感じるだろう。しかし、彼女を侮辱し、くだらない女として扱ったわけではない。もしそんなことをすれば、彼女はいっそう拒絶して自分自身を守るか、その場から立ち去るかしていただろう。そうではなく、心にもないお世辞を言われたのだと思わせることによって、彼女を不安にさせるのがこの言動の狙いなのだ。

このとき彼女の頭の中はこんな感じ。「私はきれいなのに、この男を魅了できなかったみたい。どうしてかしら？　みんな私に夢中になるのに。私に対する認識を改めさせてあげる。みんなが私のことを欲しがってるんだから！」

彼女から見ると、男は自分に関心がないようで、当たりさわりのない話題を振ってきた。彼女は、男を従わせて自分の思いのままにしたいと考え、自分の力を再確認するまでは、彼を締め出して次の段階に進もうとはしない。

だが彼女がそれをする前に、男はさらにもう1つネグを投げかける。「それエクステ？　あーいいね。この髪型、『ワッフルヘア』だったっけ？」。おどけてほほ笑み、別のルーティーンを並べる。

このような質問は女の興味をかきたてる。おもしろい男だが、女の美しさには関心を示さない。彼女は数多くの男の振る舞いを知っているが、こういう男はあまりいないので、好奇心がそそられる。この男は女慣れしているか、結婚している（事前選択《プリセレクション》されている）か、そんなところだろう……。

女は、男が自分にふさわしいかどうかをテストするためにネグを使ってみるが、彼はそのネグをかわして素早くネグし返す。会話の中で一瞬間を空けて、こう言うのだ。「あ、おもしろいね。君の鼻、話すとき小刻みに動いてる。ねえ、もう1回やってみてよ。ほら」

彼女は赤面し、気恥ずかしい思いをする。それが狙いだ。3回ネグするだけで関心を持たせ、女の自信を排除した。その結果、防御シールドを回避し、高い価値《DHV》を示す時間をたくさん得ることができた。

・ネグ：〔カナダ英語〕動詞、名詞：簡潔で、侮辱的ではない発言または行動によって、求愛の意思を秘めている者と見なされないようにすること。

ネグは相手を侮辱するのではなく、自分の価値を上げようとしないことだ。言ってみれば、君がティッシュを取り出して鼻をかむようなもの。鼻をかんだところで、相手を侮辱したわけでも、拒否しているわけでもないが、いい印象を与えようともしていない。そのため彼女は「なぜ、いい印象を与えようとしないのだろう」と好奇心がそそられ、君に挑戦したくなるのだ。

例を挙げてみよう。「悪いけど、俺ゲイだから」「君の停止スイッチはどこかな?」「触らないで」「君みたいな女の子を食い物にしてきたんだ」

女の容姿が良ければ良いほど、攻撃的なネグにする必要がある。10点の女に対しては、彼女の美貌に対して直接的なネグを短時間に3回連続で与えてもいいが、8点の女にはせいぜい1つか2つにしておこう。「この男は、私よりも自分のほうが上だと考えている」と思わせることができたようなら、調子に乗った発言をしてもいい。

10点の女は男に対してよくやることだが、君は女の自尊心を傷つけるようなひどいことはやりたくないと思うかもしれない。だがやらなければならない。

一線を越えずに、できるだけ限界に近づこう。そして、女が反撃したくとところなるまで近づいたら、彼女を高く評価し始めよう。ただし、そのときはルックス以外を評価すること。そうすることで互いを尊重し合うようになる（現場で女から「尊重」を得るのは非常に難しい）。

もしうっかり女の気分をひどく害してしまい、女が不満を述べてきたら、まず文句を声に出して言わせて発散させよう。そのあと「本当に悪かった。君をムカつかせるつもりはなかったんだ。どこまで我慢できるのかなと思って。もう分かったからやらない。約束するよ。ごめんな」。そこからまたゲームを続けていこう。お勧めはしないが、絶対にセックスまで発展できないというわけではない。

美女たちにはネグすることでアプローチできるようになる。ネグを2、3個会話に投入して防御シールドを取り除いたら、互いを尊重しつつ、なごんだ空気を作ることができるだろう。効果的なネグの例をいくつか紹介しよう。

●**ミステリー**：俺たちがお互いを知る必要はないな。
女：どうして？
ミステリー：君は俺にはもったいないぐらいのいい子だからね。

●ターゲットが失礼なことを言ってきたら、「君、ふだん引きこもってるタイプ?」と言う。

●ターゲットが口を挟んできたら、「え? 話し中なんだけど」とか「あのさ、俺の話が終わってからでいい?」と言う。それからグループのほかの人たちに「この子、いつもこうなの?」と言い、おどけてぐるりと目を回す。

●2人の女に質問をして、ターゲットが答えたら、「君に聞いてないよ」と言う。

●**写真ルーティーン**のための写真を取り出したら、まず障害となる人物に見せる。ターゲットがそれを見ようとしてきたら「あのさ、彼女に見せてるんだ。君じゃない。自分の番まで待ちなよ、まったく」と言う。

●女が君の頬にキスし、反体側の頬にもキスしてこようとしたら、「1カ所だけだよ、欲張っちゃダメだ」と言う。彼女が「分かったわ。でも私、フランス人だから……」と言い訳したら、「へえ。フランスの女って、みんな君みたいに欲張りなんだ?」と答える。

●「すてきなヘアスタイルだね。本物の髪の毛?」。笑顔で彼女を見つめ、誠実で、無礼ではないことを見せる。

●**彼女**:私、モデルなの。

君:え? ハンドモデルとか?

●「うわっ、君の手のひら汗ばんでる。何触ってたの? いや言わなくていい、知りたくないよ!」

●「耳に何か入ってるよ」

●**君**：ここ見て。俺の指を引っ張ってみて。うん、それでいい。
【ターゲットが君の指を引っ張る。君は唇でおならみたいな音を出す】

君：うわ、本当に引っ張るのかよ。はは。……冗談だって。次はマジで俺の指を引っ張ってみて。いや、今回は本当だから。俺を信じて。

【彼女が指を引っ張ったら、またおならの音を出す】

君：なんなんだよ？　2回も引っかかるなんて信じられない。俺の姪っ子は6歳だけど、こんな手に引っかからないよ。君、いくつ？

そしてこう言う。「冗談冗談。いや本当。君にマジックを見せてあげるよ。これ見て。俺の手には何もないだろ？　よし、指を引っ張って。今度こそおならはやらないから。本当だって。マジシャンの名誉にかけて君に誓うよ。いや、誓う。本当にもうしないって」

【彼女が君の指を引っ張る。おならの音を出す】

君：なんだよ、君って何にでも乗せられるんだな。
●「そのドレスいいね。この前、君をクラブで見かけたけど、同じドレス着てたね。覚えてる。それにしてもいいドレスだ」
●「おっと、強気だね。でもそれはもっと仲良くなってからね」
●「よくできました。これは君自身がどんな考え方をするのか、聞いたことを全部信じるタイプかどうかを確認するためのちょっとしたテストなんだ」

●「うわ、君、一瞬すごく疲れた顔してたよ。君の元カレはそんなところがいやだったんだろうね」

●**彼女**：私、モデルなの。

君：なに、君はモデルかって、大勢の人が聞いてくるわけ？

彼女：うん、毎回聞かれる。

君：社交辞令だよね。

●「いま気がついたんだけど、話すときに鼻が小刻みに動くんだね。かわいい」「ほら、またやった。『奥さまは魔女』のサマンサみたい。しゃべってるときだけだけど」と指さして言う。

●**君**：【ガムを取り出してターゲットに渡そうとする】

彼女：いらない。ビール飲んでるから。

君：知ってるよ。はい、ガム。

彼女が年上の場合

●ターゲットが「君はすごく若いのね」と言ってきたら、脈ありサイン《IOI》だ。「そんなことないよ」など謙遜はするな。間抜けな男たちだけが、女を手に入れるためにそういう対応をする。皮肉を込めて「うん、そうだね。残念でした」と答えればいい。冗談半分にからかうような態度で伝えること。

●「いったん落ち着いて、もう年齢のことは忘れたら？　待っててあげるよ」

ネグのタイプ解説

ばらまきのネグ（ショットガンネグ）

「うわ、あの子おしゃべりだね」「あの子を黙らせるボタンはどこかな？」など、彼女に異性として興味がないことを伝えるために、グループのメンバーに向けてこういう言い方をするといいだろう。

ネグはつまり脈なしサイン《IOD》だ。それは彼女のことが嫌いだというわけではなく、恋愛対象とは考えていないと示すこと。脈なしサイン《IOD》を出すことで女の警戒心を弱めると同時に、彼女の仲間の敵意も和らげる。

ばらまきのネグは人付き合いにおいて強力なツールにもなるし、グループのためにもなる。こうすることで、君に「彼女とセックスしたい」という動機があるとは思われなくなり、友人たちは彼女を守らなくても大丈夫だと思うだろう。

ばらまきのネグのいいところは、それが一見誠実に見えることだ。彼女は、この男は自分に好印象を与えるつもりはないのだと本気で考える。そして「どうして？」と不思議に思う。

ばらまきのネグは無欲な態度を伝え、高い価値《DHV》を示す。一撃で無関心さを表現し、障害が取り除かれ、惹きつける力を生み出す。

からかいのネグ（ティーズネグ）
からかうことで、うぬぼれたふざけた態度が伝わる。うまくやれば、そういう男なのではなく、わざとからかっているのだと認識される。
例としては次のような感じだ。「俺の指を引っ張ってみて……あはは。うわ、まんまと引っかかった。お前おかしいよ」「いくらきれいに着飾っても、あの子を連れて歩くのはちょっとな」「俺に面倒をかけるなよ」
彼女をバカにして、うぬぼれ、ふざけて楽しんでいる態度をとることは、自信があり、何からも影響を受けず、場を支配していることを示す。からかうことで彼女の感情が刺激されるので、Ａ２で高い価値《DHV》を示すことができる。からかいのネグはグループ全体、またはターゲットに直接向けてもよい。

狙い撃ちのネグ（スナイパーネグ）
狙い撃ちのネグは直接ターゲットに使い、彼女だけに聞かせること。
いつくか例を挙げよう。すぐに鼻を拭いたほうがいい、目やにがついている、手のひらが汗ばんでいる、話しているときによくつばが飛んでくるなどだ。そして、実際に気分が悪くなったということをほのめかす。
このとき、女が**低い価値を示した（Demonstrate Lower Value／DLV）**ということを、本気で本人に信じさせることが重要だ。この結果、女は気恥ずかしくなり、自分がいい印象を持たれていないのではないかと思うようになる。

横を向く、少しの間会話を中断する、そのほかいくつかの脈なしサイン《IOD》を出すことによって、狙い撃ちのネグへとつなげることができる。彼女は恥ずかしい思いをすることで、その後、君からのほめ言葉を受け入れやすくなるだろう。また、うまく身振りを使って関心のなさを示すことによって、君から承認を得たいという強い願望を抱かせることができる。

ネグのスロー・アンド・ゴー

ネグを小石みたいに投げて、相手に届く前に顔をそむける「スロー・アンド・ゴー」的なやり方でグループと会話を続けよう。君がいつでもそういうことを考えているだとか、もともとよく練り上げておいたことだとは彼女には分からない。

会話の流れを見ていればネグを投げるタイミングは分かるが、君が反応を見守っていると感じさせないことが重要だ。反応を得ようとしていると感じ取られると、ネグは見せかけで、わざとそういう発言をしたのだとバレてしまい機能しなくなる。また相手の反応を求める行動は低い価値を示す行為《DLV》でもある。

高い《D》価値《H》を示す《V》方法

例えば、グループにアプローチするときに2人の女と一緒にいれば、事前選択《プリセレクション》されていることを表しているので、高い《D》価値《H》を示す《V》ことになる。ほかの女が君を事前選択《プリセレクション》していることを理解させれば、女を惹きつけられる。

金を持っていると女から思われることも、高い《D》価値《H》を示す《V》ことのひとつだ。金持ちの男は女にとって豊かなライフスタイルを意味する。女は、自分を支える力のある人々とつながって、生き延びて子孫を残す機会を増やそうとする本能を生まれつき持っているため、魅力的に見えるのだ。

だが金で好印象を与えようとしていると認識されてしまうと、惹きつける力を失う。いい印象を与えようとすることは低価値の人間が取る行動だと思われるからだ。好印象を与えようとする行動が逆に地位を低めてしまい、惹きつけられなくなる。

人々とゲームする中で、たくさんの社会的証明《ソーシャルプルーフ》を持つ男だと見なされれば、女はますます惹きつけられる。社会的証明《ソーシャルプルーフ》も、高い《D》価値《H》を示す《V》ことだ。

一方、無知で無能な男だと見なされれば、低い《D》価値《L》を示す《V》ことになる。低い《D》価値《L》を示《V》したことで彼女の中で君のSR価値が下がったら、惹きつけられない。

おもしろく、興味深く、感情を揺さぶるストーリーを語ることは、社交スキルの高さを表すので、高い《D》価値を《H》示すこと《V》だ。自分の伝えたい個性をさりげなく織り込んだストーリーを作って語れば、ひそかに魅力スイッチを入れることもできる。

また、ネグも、高い価値を持つ男だけがそういうふうに彼女に接し、本気で関心がないと感じさせられるので、高い《D》価値を《H》示すこと《V》だ。例を挙げよう。

- ●ほかの女から事前選択《プリセレクション》されている。
- ●男たちのリーダーである（ように見える）。
- ●自分の愛する人々を支え、守る男である。
- ●がっついていない。
- ●他人から影響を受けない。
- ●人の感情を読み取るのがうまい。
- ●彼女をネグする（この脈《I》なし《O》サイン《D》は、高い《D》価値を《H》示すこと《V》でもある）。
- ●強力なフレームを持っている。
- ●興味深い知識を持っている。
- ●感情を刺激できる。
- ●社会的に「需要がある」——みんなが君の惹きつける力や確認を求めている。
- ●気持ちの通じる会話ができる。

グループセオリー

いい女はグループでいることが多く、1人でいることはめったにない。女は集団になると、集団思考心理に引っぱられる。集団思考は、事前選択《プリセレクション》と同じ心理メカニズムだ。女は自らの選択や感情の正しさを確認するため、互いに注意を向け、触れ合い、手をつなぎ、考えをささやき合い、一緒に歩き回り、トイレへ行き、強引な男やただの「いい人」で終わる負け犬たちからお互いを守り、用心し合っている。

女は自らの人間関係の中で、最も価値の高い男に惹きつけられる傾向がある。**彼女のグループを支配し、その中で最も価値の高い男になるにはどうすればいいだろうか。**

「いい人」は、ターゲットだけを捕まえてナンパできるように、女がグループから離れるのを待つことが多いが、ミステリーメソッドではグループそのものに近づいていく。

まずグループにアプローチしたら、ストーリー、ユーモア、その他の高い価値《DHV》を示すことを駆使して友人たちの敵意を和らげよう。

君は興味深く、おもしろく、落ち着いた男だ。ときにはターゲットすら押しのけて、その場の主役の座を奪いさえする。さらにターゲットをネグすることによって、友人たちの敵意を取り除こう。

平凡な男たちは、脈あり《IOI》サインを出して、飲み物をおごると言って女にアプローチするので、その

図14　集団思考心理のしくみ

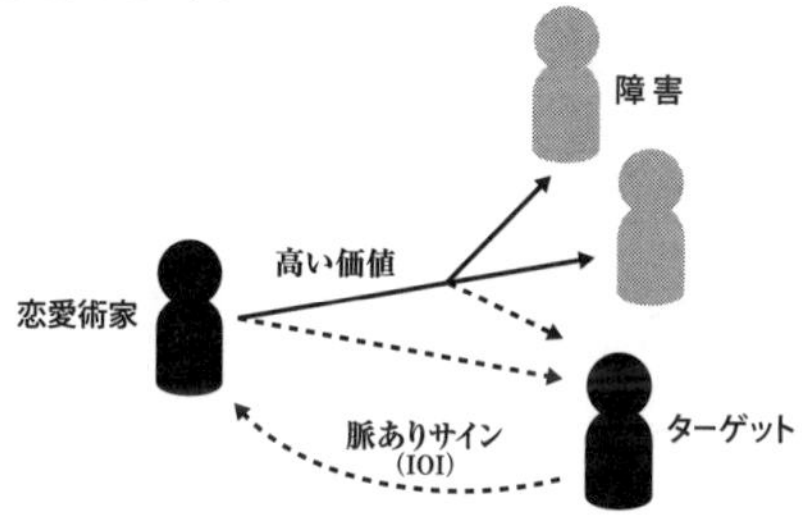

意図はバレバレだ。しかし君は、ネグし、背中を向け、自分のストーリーを伝え続ける。ターゲットに興味はないようだが、侮辱的な態度でもないので、友人たちにいかなる脅威を感じさせることもなく、敵意を和らげて**安全化**する。彼らにとってそんなことは未知の体験であり、ネグが君とターゲットの間にも男女のいい緊張感を生み出す。

友人たちが君のことを好意的に見ているので、彼女の集団思考心理が君に有利なほうへ働く。君は彼女の仲間グループから得た社会的証明《ソーシャルプルーフ》を持っている。彼女の自尊心はネグによって少し傷つき、君――すなわち現在の主役であり、自分から友人たちの注目を奪った男――に、もっと自分に目を向けてほしいと考えるようになる。そこで彼女は、君に認められようとして動き出し、ＩＯＩを出しはじめる（**図14**）。

つねにこういう反応を引き出せるようになれば、Ａ2を修得したということだ。グループセオリーは、基本的に次の2つの脈ありサイン《ＩＯＩ》の組み合わせで機能する。

1．グループを支配することによって得られる社会的証明《ソーシャルプルーフ》。君のキャラクターもグループに、ひいては遠回しにターゲットに示される。

2. ネグでさらに高い価値を示す《DHV》と同時に障害を取り除き、ターゲットの警戒心を排除し、自分に関心を向けさせようとして君を追いかけるように仕向ける。

さまざまな話題を取り入れろ

顔見知りの人々の会話ではさまざまな話題が取り上げられる。天気、家族、昨夜何をしていたか、哲学的なテーマ、時事問題など、会話が進むにつれてまたもとの話題に戻ったり、定期的に同じ話題をすることもある。

一方、それほど面識がない人々は、その場その場の状況に合った話題を見つけては、なごんだ雰囲気を作り上げようとするが、それ以上話をふくらませられなくなるまで、結局その話題を続けざるを得なくなることが多い。

ここで例として、公園で犬を散歩させている男が、同じく犬を散歩させている女に出会ったときの会話を想像してみよう。

男：やあ。その子はコッカースパニエル？

女：ううん、雑種よ。数年前に保護施設から引きとったの。その子は？

男：ブラックラブだよ。この2匹、なんだか仲よくなれそうだと思わない？

女：ええ、そうね。犬って不思議。
男：ところで、この子を飼いはじめてからもう長いの？
女：うーん、覚えてないけど、3年くらいかな。
男：なるほどね。ところでドッグフードは何をあげてる？

男がどれほど必死になっているかお気づきだろうか。彼は「犬」の話題でうまくやりとりしているが、ほかにはうまく会話を続けられるような、状況に応じた話題を思いつくことはできなかった。ひたすら犬の話を続けようとしていることで、男にとってこの会話が重要で、チャンスを逃したくないと考えていることは明らかだ。会話中に質問しすぎていることからもそれがよく分かる。

十分な面識がある間柄では、会話中にさまざまな話題を取り上げるものだが、よく知らない間柄ではこのようにたった1つの話題から離れられなくなることがある。そして、次のようによそよそしいまま会話は終了するだろう。

（続き）
男：……いま何時か分かる？
女：ええ、6時半よ。
男：ありがとう。ところで、どこから来たの？

アプローチしたときの話題ではなく、新たな話題を振ることによってさらに踏み込めば、関心があると知らせることになる。彼女はいますぐ防御シールドの定番フレーズ「私、彼氏いるから」を使うかどうか決断せざるを得なくなるだろう。

グループにさまざまな話題を取り入れることによって、全員がまるで古くからの友達だったかのような強い親しみの感情をもたらすことができる。

まだ高い価値を示す前の段階では、女たちは君との付き合いを続けるために努力しようとはしない。だから会話の90パーセントを君が支配できるはずだし、むしろそうしなければ会話が止まってしまう。

君が惹きつける力を発揮するにつれて、どんどん女の投資欲は高まってくるが、その時点でも、自分が主導権を握って刺激し続けよう。そのために**話して話して話しまくる**こと。

つねに何か話題を持っていよう。話し好きな雰囲気をかもし出し、魅力的な女だけではなく、全員に話しかけること。いくつかの異なるルーティーンを使ってさまざまな話題を作り出し、順序どおりではなく、ランダムに投げかけていくのだ。

3～5個の話題を操ってターゲットの意識を自分に向け続ければ、会話が弾まないという問題はなくなる。ただしつねに話題があっても、あまりにもブツ切りだったり、話を続けるためにワラにもすがるような唐突な話題を持ち出したりすれば、あっという間に幻滅される。

グループで話すとおもしろいテーマ

- 超能力とその可能性、または不可能性。
- ハイキング中にクマに出会ったときのこと。
- ロッククライミング中にロープが切れたとき、どれほど恐ろしかったか。
- 親友に付き合って女の家を尋ねたら、女の彼氏が出てきて親友が殴り殺されかかり、20分間のカーチェイスをした。警官を探したが、見つけたときには怒りくるった彼氏を見失っていたという出来事。
- 病院にいたときに食べ物の味がどう変化したか、いまでは鳥の声がどれほどはっきり聞こえるか。
- 銀行強盗をしようとしたが、おじけづき、金を寄付したときのこと。
- ４人の女と生活しているとき、女たち全員が月経前症候群になって、盛大な大食い対決が行われたときのこと。
- 出会ったことのある有名人について。
- 幽霊を信じるかどうか。なぜ信じるのか、なぜ信じないのか。
- 自分はキャンドルとお香が好きだが、彼女は何が好きか。
- 姪のために買ったアリの巣箱とその経験から学んだこと。
- ステージに立ったときのこと。
- 険しい丘から滑り落ち、生き延びたときのこと。

グループで話すとおもしろいテーマの例は上のとおり。

つまらない話題を断ち切る

女が何かを話しはじめ、彼女が退屈だと感じたり、悲しい気持ちになったり、彼氏が戻ってくるかもなどと考え出したようなら、その話題はもう役に立たない。それを話し続けるよりも、話題を終わらせたほうがいい。話題を断ち切り、何か別のルーティーンを使おう。

彼女：……だからこの歌を聞くたびに彼のことを思い出すの……。

君：ちょっと手を見せて。【スキンシップテストを始める】

彼女の話題を完全に断ち切り、自分の話題に置き換えよう。女が振ってくるあらゆる話題に対して妨害しろという意味ではない。君にとって有益でない話題は断ち切り、それに代わる新たな話題を導入し、維持していくのだ。そうすれば君が強固な**フレーム**を持つと示すことにもなるので、ますます魅力的だと思われるだろう。

導入した話題が使えなくなることもある。例えば、話の途中で彼女の友人がグループに加わってきた場合、語り終えても友人には話がまったく分からないので、その友人は退屈し、気まずい空気になるかもしれない。かと言ってもう一度始めからやり直せば、今度はすでにその話を聞いたターゲットが退屈して、目的に達するまでに飽きられてしまう。

こうした外部からの妨害に対処するには、自分の話題を断ち切り、ターゲットをネグして障害の敵意を和らげ、新たな話題を導入すればいい。

君：そこで、あと3分で家に着くっていうのに、缶の中身が漏れはじめたことに気づいた。

【女の友人が到着し、彼女たちはすぐに顔を見合わせて、目配せする】

君：俺に友達のことを紹介してよ。それが礼儀ってものだよな。

【手短に紹介される。友人と握手をして、この新たな障害の敵意を和らげるために、もう一度

ショットガンネグを使う】

君：【友人に向けて、新たな話題を導入する】君は魔法って信じる？　よし、よく聞いて。【「魔法ルーティーン」を使う】

女たちから強く求められないかぎり、あとからもとの話題に戻ろうとしないこと。注目されたくて必死になっているように見えてしまう。

好ましくない話題を積極的に断ち切り、適切な話題を導入して会話をリードしていないなら、君は女に責任を負わせている。たとえ会話を退屈なものにしたのが彼女だとしても、彼女が退屈だと感じれば、それは「君が」退屈な男であるせいだと思われる。女は会話をリードしようとしない。君が順序正しく導いていこう。

中間地点

「ところで、君たちはどうやって知り合ったの？」というのは、ある時点で全グループに尋ねたほうがいい質問だ。そのための時間を取って、数回は繰り返そう。何度も繰り返し言うことになるので、このフレーズには慣れておいたほうがいい。これは一見、何の害もない合理的で社交的な質問のように見えるが、ここから会話が生まれるし、恋愛術家にとって有益な情報も得られる。

例えば、2人組の女に「ところで、君たちってどういう知り合い？」と尋ねてみたら、一方が「この子、彼氏の妹なの」と答えるかもしれない。この新情報によって、ゲームプランを変えるべきかどうかも分かる。

この場合の重要な情報とは、ターゲットに彼氏がいることではない。うまくやれば、女は君に彼氏の存在を明かすこともなくひそかに彼氏を裏切るに違いない。問題は、彼氏の妹がここにいるということだ。ターゲットはおそらく妹の前で彼氏を裏切るようなことはしないだろう。

「ところで、君たちってどういう知り合い？」という質問によって、グループのメンバーがただの同僚の集まりだとか、危険な存在だと思っていた男が実はターゲットの兄だったと判明することもある（君は運よくミステリーメソッドを実践していたので、ターゲットに脈ありサイン《IOI》を伝える前に、高い価値を示す《DHV》ルーティーンですでに兄と仲よくなっていた）。

この質問をするタイミングを**中間地点**という。一般的にアプローチしてから3〜5分で生じる。

相棒《ウイング》とゲームをする

ウイングのルール

ルール1　基本的には、**グループにアプローチするほうの男がリードすること**。その男がまずターゲットを選ぶ。ウイングに、君のためにアプローチさせても可。

ルール2　**友人のウイングとしての君の第一目標は、友人がターゲットを落とすのを手助けすること**。その中で自分のターゲットともゲームを始められれば最高だが、それは最優先事項ではない。

ルール３　**グループを乗っ取ろうとしたり、ウイングのターゲットを盗んだりするのは絶対にやめること。**ゲーム中、友人が自分のターゲットを無視したり、グループに働きかけてターゲットをネグしたりすることがある。このとき君がグループに入り込んで友人のターゲットを惹きつけるのは簡単だが、それは禁止。

ルール４　プレーヤーである友人がスキンシップ《キノ》をさせてもらえず、**次の段階へ進めない**（「いいお友達でいましょ」と言われる、あるいは全体的に脈ありサイン《IOI》不足など）なら、**ウイングはその時点で場に働きかけてもいい。現場に入る前に、誰が介入するのか話し合っておくこと。**

ルール５　友人がターゲットと1対1になる時間を多く取れるように、**ウイングは障害を独占しておく。**

ルール６　**つねにウイングに同意する。**彼よりも女に同意したりしない。君のウイングはつねに正しい。

ルール７　**君のウイングは偉大でカッコいい男であることをお忘れなく。**だから君は彼と付き合っているのだ。それが結局、高い基準を持つということになる。

ルール８　君にとっては、**女の気持ちよりもウイングの気持ちのほうが重要であることを肝に銘じよう。**ウイングが君のグループにアプローチしてきたら、彼のほうに振り向くこと（女たちも友人が来たときにはそのような行動をとる）。ウイングを軽視すれば、自分の価値を下げることにもなる。ウイングを受け入れないで、あるいは紹介しないで、突っ立ったままの状態にさせないようにしよう。

自分がウイングとしてグループに加わるとき

「●●●について話してたの？」作戦は次のとおり。

①プレーヤーである友人は、通常3分以内にグループをオープンして、フックポイントを通過できるだけの十分な時間を確保する。ウイング（自分）は、友人に近づこう。
②友人がウイング（自分）と目を合わせ、あいさつする。
③友人は次に、「みんな、こいつは俺の友達の×××だ」と話す。
④ウイング（自分）は、「君たち、●●●について話してたの？」と言う。
⑤友人は、「ああ、その女がアーロンに魔法をかけたとき……」

ここから会話を続けよう。これでもうウイング（自分）はグループに加わっている。

他己紹介

次のように、ウイングに君の名前と功績を紹介させよう。

● 「この男は×××だ」
● 「こいつは〝ミステリー〟だ。ナイアガラの滝の上を空中遊泳したんだ」
● 「グレンに君を紹介しよう。こいつは、電力網をハッキングしてカリフォルニアを6時間停電させた男について書いたんだ」

●「こいつはミス・ノーベンバー（『プレイボーイ』誌11月号のモデルとして選ばれた女性）とデートしたんだ。すごいだろ」

これを「**他己紹介**」という。本人が自分自身について話すと自慢に聞こえるし、注目されたくて必死に見える。だがウイングが君のことを話すのであれば、信じてもらえる可能性は高い。あとは小さな証拠がほんの少しあれば十分だ。例えば、彼女たちにサインしてあげる用の記事のコピーや君の宣材写真、ビキニの美女と一緒に写っている写真（ルーティーンのために、1枚は別に取っておくこと）など。

偉業など達成していなくてもかまわない。達成した何かをうまくアピールすればいいだけだ。ウソなんかつく必要はない。

他己紹介の作戦

①グループにアプローチして、合格点を得られるだけの時間を確保する。ウイングが近づいてくる。

②ウイングと目を合わせ、あいさつする。

③君は次に、「みんな、こいつは俺の友達の×××だ」

彼は……

●俺を金持ちにしてくれる
●素晴らしい男だ
●俺が知るなかでいちばん賢い男の1人だ
と話す。
④ウイングは「はじめまして」と言って、少しの間グループを仕切る。
ここから会話を続けていく。ウイングはすでにグループの一員となっている。
●「こいつはチャック。株式ブローカーなんだ」――つまらない。
●「こいつはベンダー。レイザーっていうすごいバンドのメインボーカルで、ちょうどビルボードチャートに載ったばっかりなんだ」――尊敬される。

君のいちばんの偉業は何だろうか。ウイングに使ってもらうために、自分の偉業を書き出してみよう。そうすれば、成果を出している男と付き合いのあるウイングもカッコいいと思われる。

もし自分が何でもできるとしたら何をしたいか。自分の夢は何か。本当になりたいものは何か。偉大になれ。**君とウイングが相互にストーリーを動かすことで、説得力のあるものになる。**

ストーリーを語れ

あからさまに感動的なストーリーである必要はない。むしろ、強い印象を与えようとしていると思われるのはよくないので、あまりにもすごいストーリーではないほうがいい。楽しく、興味深く、そしてこれが最も重要なことだが、彼女のいるグループから注目されるストーリーであれば効果的だ。少なくとも一部は事実を含んだ、自分の人生で起きた出来事に基づくものがいい。

女の魅力スイッチをオンにするような君の特徴をさりげなく伝えることで、より高い価値を見せることができ、惹きつける力が生まれる。

例えば、ストーリーの中にこういうセリフをうまく入れてみよう。「……そういうわけで俺は、友達に『仕方ないだろ。そいつは俺の妹なんだから』と伝えると、そいつは車に飛び乗ってくれた。つまり、友人たちは絶対に俺のために行動してくれるし、俺もそうありたい」

これで「男たちのリーダー」と「愛する人の保護者」という2つの魅力スイッチをオンにすることができる。事前選択《プリセレクション》のスイッチやその他のスイッチも同じように入れることができる。

ナンパ中にストーリーを語るのに役立つヒントを教えよう。それは、ストーリーは短ければ短いほど、早い段階で使えるということだ。

感覚と感情の観点から言えば、何かのストーリーを伝えるとき、男は手近にある事実に注目する傾向があるが、女は経験によって引き起こされる感覚と感情を重視する。このことを考慮に入れて言葉を構成していこう。例を挙げる。

悪い例：そいつときたら俺のケツをつかんだんだ。信じられるか？　俺、バカ丸出しだったぜ。

良い例：そのとき、力強い手が俺の尻をなでて強くつかむのを感じたんだ。振り返ると、カイゼルひげの男が思わせぶりにほほ笑みかけていて、そこにいた女が一斉に笑い出した。あんなにびっくりしたのも、恥ずかしい思いをしたのも、生まれて初めてだよ！

注目してほしいのは、このストーリーの1コマが驚きと気まずい感情をどのように伝えているか、それがどのようにストーリーの中で役立っているかということ。このようにストーリーの断片が3つか4つまとまると、聞き手にちょっとした感情の旅を味わわせて、リードできる。伝え方さえうまくなれば、自分の価値を引き上げるような話をでっちあげなくても、それだけで高い価値《DHV》を示すことになる。

釘づけにする小道具《ロックインプロップ》

ターゲットをネグするために積極的に無視していると、不意に彼女がグループを離れようとするかもしれない。これを防ぐためには、小道具を使って彼女を動けないようにすればいい（釘づけにする小道具《ロックインプロップ》）。例えば君のマフラーや帽子、あるいはルーティーンのための写真などを彼女に手渡して、少しの間それを持っているように頼むのだ。

これで彼女を**釘づけ**にできる。たとえ一度どこかへ行ってしまったとしても、そのうちまた戻ってくるだろう。また、こうすることで信頼も生まれる。盗まれる可能性もあるのに小道具を渡すことで彼女への信頼を示し、君への信頼を築くこともできる。

彼女がそわそわしはじめたら「マジでおもしろいものがあるんだ。すぐに見せたいんだけど、その前に……」など、興味を引く発言でエサをちらつかせ、ほかのルーティーンを使おう。

グループにとけこむ方法

2人組の女がバーカウンターにいるところを想像してほしい。彼女たちは雑談し、部屋の中の人々をざっと確認しながら、ちびちびと飲んでいる（彼女たちが飲み物を注文してから受けとるまでの間にアプローチしようとするのは賢明ではない。支払いが終わって飲み物が出されるまで待つこと。A1とA2のフェーズでいつも発生する妨害への対処法だ）。

2人にアプローチを始めるとき、女たちはバーカウンターに背中を向けている。彼女たちからは君の肩越しに部屋全体が見えるが、君からは彼女たちの背後にバーカウンター以外は何も見えない。君と彼女たちのポジションにはやや差がある。つまり彼女たちの場所のほうが居心地がいいうえに見通しもいい。心地よさで劣った状態で君が彼女たちの前に立っているかぎり、グループに対する影響力は減少していくだろう。なら、そこで**彼女たちの場所を取り上げてしまえばいい。**

スピン作戦で女の居場所を盗む

自分の手を胸の高さまで上げ、手のひらを下に向けて、女に「こうしてみて」と言ってみよう。彼女は応じるだろうか。応じるなら、彼女を立たせたい場所へ誘導する準備はもうＯＫだ。

これは**従順度テスト**だ。もし女がこのテストに反抗して協力しないようなら、君にまだ十分な影響力がなかったということ。そこで、脈なしサイン《IOD》を出し、次に高い価値《DHV》を示してから、また別の従順度テストをしよう。この服従のプロセスを利用して、彼女の**従順の臨界点**を引き下げる。これで「〃手を上げて〃作戦」に戻れば、次は従わせることができる。そこからまた続けていけばいい。

彼女が従うようなら、こちらの手に合わせるように手を差し出してくるだろう。その手を取って「ちょっとひとまわりしよう」と言う。これはまた**別の従順度テスト**だ。

これにも彼女が従うなら、**自分はその場で彼女の周りをぐるりとまわる**。このとき、彼女の身体をバーカウンターから遠ざけるようにして、彼女がもといた場所に自分が立つ。今度は彼女ではなく、こちらが優位ポジションであるバーカウンターに寄りかかり、彼女は部屋の中央を背にして俺と向かい合うことになる。グループの仲間同士が一緒にゲームをしているだけのように見えるうえに、周りの仲間の気を散らすことも最小限に抑えられる。

そして「はい、ご褒美」と言って、ふざけた調子で彼女が座っていた椅子に腰を下ろす。彼女は完全に一杯食わされたかっこうだ。うまくやれば、笑って腕をたたいてくるだろう。

そして、彼女の心を独占するために別のルーティーンを行いながら、彼女とグループを刺激し続ける（Ａ２）。

自分自身がグループにとけこんでしまえば、部屋の中の感じが１８０度変わるだろう。女たちが振り向かないどころか、全員が自分を見ているように感じる。女たちにただ話しかけているのではなく、リードしているように見える。こうした心理状態も、女たちに影響を与える。君が心地よくバーカウンターにもたれてスキンシップ《キノ》テストをする間、ターゲットは君の両脚の間に立つ。

君はＡ３のうちに必ずグループにとけこまなければならない。通常、グループにアプローチして３〜５分たったら行う。この例では、女たちが部屋の中央に背を向けてこちらを向いている間、何かにもたれるか、もしくは彼女たちの間にくつろいで座っていよう。

このときも彼女たちと何かゲームをしていると周りから思われているようなら、まだグループにとけこめていないということだ。君がグループの中心人物であり、心地よく過ごしているようだと部屋中の全員に思わせよう。そうすれば、高い社会的価値を持つ男だと認識されるだろう。

ロールプレイングで惹きつけろ

役割演技遊び《ロールプレイング》は、惹きつける力を作り上げる。頭の中でいくつかバカバカしいシナリオを考えておいて、女に話そう。楽しくふざけていて、きまじめになっていないかどうかも確かめておこう。

恋愛術家：俺、君とやりたいことがあるんだ。2人でギリシャに行って、君をトーガ（古代ローマで着用されていた1枚布の上着のこと）でドレスアップする。で、海岸でホットドッグを売る。君が売り子で、俺が店主な。

長ったらしいストーリーよりも、ちょっとしたセリフのほうが効果的な場合もある。普通の会話の中にこういうストーリーを少し入れる練習をしたほうがいい。これは惹きつけるツールとして役立つだけでなく、なごみを築く段階では内輪意識を作り出すのにも役立つ。

恋愛術家：俺、一緒にやってみたいことがあって。君は修道女の服、俺は神父の服を着て、2人で海岸に行って手をつないでみんなの前でイチャつくんだ。

偽りの「相性最悪」で脈なしサインを出せ

偽りの「相性最悪」には、高い価値を示しながら敵意を和らげる効果がある。そういう意味ではネグと同じだ。自信、おもしろさ、がっついていないこと、そして「俺は状況を支配する男であり、高い価値を持つ男であり、俺が注目するのにふさわしいかどうかを見るために、君を審査している」と伝える態度だ。例を挙げてみよう。

- 「俺たちはうまくいかないよ」
- 「君とはうまくやっていけないってすぐに分かった」
- 「君はクビだ」
- 「君は、俺にはもったいない女の子だよ」
- 「ナースなのか。何てこった、俺なんかじゃ君に話しかけることもできない」
- 「俺は彼氏の器じゃないよ。ほら、あそこにいる男は君と相性が良さそうだけどね」
- 「俺たちはもう終わりだ。さっさとCDを返してくれ」

女を惹きつけるために、「自分たちはうまくやれない」と伝えるのは違和感があるかもしれない。その気持ちはよく分かるが、君はナンパ志願者と見なされる資質を取り除き、高い価値《DHV》を示さなければならない。俺の経験から言えば、こういう挑発的な脈なし《IOD》サインが強力な説得力を生み出す。

記憶力を見せつけるDHVの方法

5分間のルーティーンで、卓越した記憶力を見せることができる。そのあとでこのルーティーンを女に教えるのもいいだろう。それだけで少なくとも15分間のルーティーンになる。

このルーティーンは、かけくぎ法（ペグシステム）というシンプルな記憶術でうまくやれる。

最初に次の韻を覚えよう。「ワンバン（①ロールパン）、トゥーシュー（②靴）、スリーツリー（③木）、フォードア（④ドア）、ファイブハイブ（⑤ミツバチの巣）、シックススティックス（⑥枝）、セブンヘブン（⑦天国）、エイトゲート（⑧門）、ナインライン（⑨線）、テンヘン（⑩めんどり）」

これを覚えたら、ルーティーンの準備は完了だ。

効果

常備しているメモ帳とペンを取り出し、1～10までの数字を紙に書いておく。グループの人たちに「ちょっと付き合ってくれないか。適当に単語を10個並べてほしい。簡単な言葉でいい。それぞれ違う単語であれば何でもいい」と伝える。各番号の横にそれぞれ単語を書いてもらおう。

例えば彼女が①「犬」、②「車」、③「水」、④「踊る」、⑤「マリファナ」、⑥「宇宙空間」、⑦「醜い」、⑧「飛行機」、⑨「拘束服」、⑩「ＣＤ」という言葉を選んだとする。彼女が書き終わったら、リストをもう一度見なくてもきちんと覚えていると断言しよう。

次にそれらを最初から順に、次に最後から順に、そして順不同で暗唱する。彼女が数字を言ったら、すぐにその数字に関連する言葉を答えよう。天才だと思われるだろう。

秘訣

これは10のくぎ（ペグ）に、言葉をひっかけることによって記憶する方法だ。

言葉1は「犬」。最初のペグは「ロールパン」だ。頭の中に「ホットドッグのロールパンの上にフワフワの犬がいる（1匹）」という奇妙な光景を思い描こう。変な絵なので、そう簡単には忘れない。これは、不条理な絵で、感情に訴えるものがあればあるほど覚えやすくなる。

女が「数字の1」と言ったら、頭の中で結びつけるのは簡単だ。「1」＝「ロールパン」＝「ホットドッグのロールパンの上の犬」＝言葉は「犬」だ。

リストのすべての言葉をこうやって結びつければ、自分がこんなにも確実に情報を頭の中に保存し、取り出せることに驚くだろう。

もう1つ例を挙げよう。女が選んだ4番目の言葉が「踊る」だとする。4番目のペグは「ドア」だ。そこで、踊っているドアがたくさんあるダンスホールを想像しよう。あとで彼女が選んだ4番目の言葉を思い出そうとすると、「4」＝「ドア」＝「踊っているドア」＝言葉は「踊る」だと思い出せるはずだ。

同じ作戦で、10、20、30以上の言葉にも対応できる。例えば、追加で10個の言葉を選んで合計20になったとしよう。

ペグ（秘密）	最初に選んだ単語	追加された単語
ワンバン（①ロールパン）	①犬	⑪風
トゥーシュー（②靴）	②車	⑫ヨット
スリーツリー（③木）	③水	⑬コンピューター
フォードア（④ドア）	④踊る	⑭カジノ
ファイブハイブ（⑤ミツバチの巣）	⑤マリファナ	⑮ギター
シックススティックス（⑥枝）	⑥宇宙空間	⑯本
セブンヘブン（⑦天国）	⑦醜い	⑰欲求不満
エイトゲート（⑧門）	⑧飛行機	⑱カメラ
ナインライン（⑨線）	⑨拘束服	⑲ジョギング
テンヘン（⑩めんどり）	⑩CD	⑳ペーパークリップ

①については、ホットドッグのロールパンの上にいるフワフワの犬を想像した。⑪は、①と同じ光景を想像するが、今回は犬が風で吹き飛ばされているところを想像する。イメージとしてはロールパンの上にフワフワな犬がいる、次にロールパンの上の犬があわれにも風に吹き飛ばされる光景だ。これで、①の言葉が「犬」で、⑪の言葉が「風」と覚えられる。

④の言葉は、踊っているドアがたくさんあるダンスホールを想像する。⑭は、ブラックジャックやルーレットなどカジノ用のテーブルを想像に加えて、ドアが踊ったあと、ブラックジャックのテーブ

ルにぶつかるところをイメージする。言葉やイメージを付け加えて覚える場合は、物事が起こった順番に記憶するという、脳の自然な傾向に従おう。

　こうすれば、10個ずつリストに加え続けることができる。いったんペグシステムの韻の配列を記憶し、任意の組み合わせで数十回繰り返して実践するだけで、どんなにランダムな言葉の組み合わせでも、すぐにこのルーティーンができるようになる。

　第2段階はこれを女に教えることだ。ただし彼女と初めて会った夜ではなく、2日目に教えること。

　女に教えるためには、静かで、酒は入れずに、15分間は妨害されない環境が重要だ。俺はこのテクニックの伝授を、グループに対して高い価値《DHV》を示したり、ターゲットと2人きりになる理由としてA2で利用する。（現在のグループと隣り合うグループを合併したい場合などに）「つかみ《オープナー》」のセリフとして使っている。

　彼女と2人きりになる前に手渡しておく「釘づけにする小道具《ロックインプロップ》」が何なのか知りたいって？「メモ帳」だ。

グループダイナミクス――相手は1人か、2人組か、3人以上か

　大勢でいるほうが安全なので、美女が1人で出かけることはめったにない。もし1人でいる女にの

みアプローチするつもりなら、選択肢は大幅に狭まるだろう。

1人――ターゲットは1人でいるか？

グループにアプローチするのに比べて、1人でいるターゲットへのアプローチは一見簡単そうに思える。だが高い価値を示《DHV》すためのグループがなければ、直接ターゲットに高い価値を示《DHV》さざるを得なくなり、もしそうするだけのスキルもないのに高い価値を示そうとすれば、ただの自慢野郎のような印象を与えてしまう。

そのうえ、彼女の友人が合流して突然別のグループタイプに変わってしまう可能性がある。グループのタイプが急に変わる（1人が2人組になったり、2人組が3人組になったり）可能性はつねに想定しておくべきだが、相手が1人の場合は特に用心すること。これを「外部からの妨害」と言い、こういう場合は、アプローチの方法を積極的に変更していく。

相手が1人の場合、障害はいない。ターゲットを決めたらストレートにアプローチしよう。視線が合うまで待ってはいけない。あまりにもがっついて見えてしまう。まずアプローチして女が君を見てきたら、まっすぐ見つめてほほ笑めばいい。アプローチするときはつねに笑顔だ。そうすれば怖がらせることもない。

女が遠くにいる場合、「1人」だと判断したら、彼女が自分に気づくのを待ってからそばへ行ってもいいし、待たずにとにかくそばに行ってもいい。

注意してほしいのは、視線が合わずにアプローチに失敗したあと、もう一度アプローチするときに視線が合うまで待ってはいけないということ。もしそれをすれば行きづまってしまう。3秒ルールを破れば、アプローチしようとしていたのにしり込みしたと思われる危険性がある。それでもアプローチはできるかもしれないが、損失や被害を最小限に抑えようとする心理状態に陥ってしまう。

君に気づかせ、君が雑談を始めるまでの時間を最小限に抑えること。あらゆる「つかみ《オープナー》」のセリフを使って楽しませ、笑顔でアプローチしよう。彼女をオープンできるのは懇願するフレームではなく、審査するフレームからだ。君は彼女に興味があり、もっと知りたいと思っている。相手が1人の場合は、2人以上のグループを相手にするときよりは直接的なアプローチをかけてもいい。「俺はいま目に見えている以上の、君のもっといろいろな面を見たいんだ」

そのあとに、さほど直接的でない別のオープナーを並べよう。

2人組――ターゲットは誰かと一緒にいるか？

3人組、4人組やそれ以上に比べて、2人組は最もやりがいがある。現場で見つかるターゲットのうち、およそ4分の1が2人組だろう。

ターゲットの友人は「**障害**」として注意しておくこと。障害の敵意が和らいだときにのみ、彼(彼女)は君の「**友人**」になり得る。

ターゲットが1人でない場合、ターゲットに直行しないこと。友人（あるいは彼氏）を仲間外れにしてしまうことになり、不機嫌になった友人はターゲットの保護者となって君たちを引き離そうとしてくるだろう（彼氏の場合は、君を侵入者と見なし、攻撃的になって彼女を守ろうとする）。

まずは障害を味方に引き入れよう。ターゲットと視線を合わせるのではなく、積極的に彼女を無視するために、この機会を利用する。

ターゲットには、明らかに君に無視され、見過ごされたと感じさせよう。そうでないと、君を惹きつけたいという欲望がわいてこない。ターゲットが話しはじめたらすぐにネグしてもいい。「なんで君はそうやって友達の邪魔をするんだよ？　……どこまで話したっけ？　あ、そうそう」と言って障害との雑談に戻ろう。障害は君の楽しく侮辱的ではないネグを笑うだろう。またそうすることで、ターゲットも簡単に弱気にさせられる。

高い価値《ＤＨＶ》を示す君の言葉にターゲットの耳を傾けさせ、受け止めさせるため、障害に話し続けながら、ターゲットに釘づけにする小道具《ロックインプロップ》を使う。ネグされたターゲットは、自分のイメージを回復しようとしてすぐに君を追いかけてくるだろう。ネグを挟みながらＤＨＶを続けよう。そして最後にＡ３のフェーズで時間を割いて、彼女に少しだけ注目する。

２人組の場合、ターゲットだけを引き離そうとしないこと。もしそうすれば障害が孤立してしまう。それに、前例で示したように障害はうまく利用することもできるのだから、あえてターゲットと２人きりになることもない。

だが障害との会話だけに時間を費やしてはいけない。彼（彼女）の敵意を和らげて仲よくなるには、通常は5~8分あれば十分だ。余計な時間を費やすことで、「友人（障害）は君のことが好きなようだ」とターゲットが考えて、立ち去ってしまう可能性がある。

障害から気を持たれているようなら、はっきりとターゲットに注目を切り替えよう。障害に向かってこう言うのだ。「×××（ターゲット）と俺、いい感じなんだけど、君はそれでいいの？　あの子が話しかけてこなければ、俺たちがベストカップルなのにな」。気づいただろうか。これは障害の敵意を和らげるショットガン《ばらまきの》ネグだ。

最後に、A3ではターゲットを褒める。彼女の外見ではなく、内面の好きな部分を示そう。例えば「君は友達を引っ張っていくタイプだね。そこが気に入った」など。

女2人組の場合、ターゲットと2人きりになってなごんだ空気を作ろうとしても難しいだろう。ターゲットが、友人を1人ぼっちにしてしまうと思って気にするからだ。相棒《ウィング》をグループに参加させれば役立つ。だが、それは「合格点」に到達してからだ。それから、相棒《ウィング》に障害の注意を引きつけておいてもらおう。こうしてグループを分割し、それぞれが1人の女に対応する。

障害が男友達の場合——つまり男女2人組の場合はどうすればいいか。例えば、女と男が一緒にいるが、彼らはただの友人同士で、君がグループにアプローチして雑談を始めたところだとしよう。

この場合、まずは男のほうと親しくなること。彼の敵意を和らげることができたら、中間地点に達したとみなして、「君たちはどういう知り合い？」と尋ねてみる。彼が教えてくれるだろう。もし男が彼氏だとしても、君たちはただ友人になっただけであって、女に自己紹介すらしていない。したがってトラブルに巻き込まれることはない。男が彼氏でないなら、女は格好の標的だ。

男の前では、女を侮辱しないよう注意を払いながらネグする。彼女が動揺し出したり、君の注意を引こうとし始めたら、もう少しネグしてから、最後に彼女に注目しよう。男はその場から離れ、君が女に仕掛けるのを観察し、やがて完全に姿を消す。おそらく、彼と再び話すことはないだろう。

3人組、またはそれ以上――ターゲットは2人以上の人と一緒にいるか？

2人組＋ウイングは、3人組と同じだ。3人組であれば、ターゲットをグループから引き離して2人きりになってもいい。もし2人きりになれなかった場合は、3人一緒のままでなごんだ雰囲気を築こう。また違う機会に彼女と2人きりになればいい。

3人組は、ターゲット＋障害の2人組に似ているが、今回は追加の障害がいるので、最初に両者の敵意を和らげること。この場合も、障害の友人（ターゲット）をネグして高い価値《DHV》を示すと、障害から受け入れられる。そして障害を味方に引き込んでターゲットから注目され始めたら、しばらくターゲットと2人で過ごしてもいいかどうか障害に尋ねてみよう。彼らは君に好意的なので、イエスと言うだろう。自発的に君たちを2人だけにしようとする可能性すらある。

2人組の場合だと、ターゲットは友人を1人ぼっちにするのは気が引けるので、A3で君と2人きりになりたがらないかもしれないが、3人組であれば、君がターゲットを独占しても友人には相手がいるので問題ない。

- 「さあ、あの部屋にどんな冒険が待っているかな」（舞踏会のように腕を組む）
- 「なあ、ちょっとだけ友人を借りるよ。そのへんのソファに座ってるから」
- 「ああ、君たちの友人を無視しちゃってたみたいだ。フォローしないとな。すぐ戻るよ」
- 「俺と君の友達、気が合うみたいなんだけど、いいの？」（「まあ、いいんじゃない……」）
- 「ちょっとの間、友人を借りてもいい？」（「彼女がいいなら、いいんじゃない……」）
- 「君の友達が気に入った。少しの間、彼女と話しててもいい？」
- 「君たちの友人にぜひまた会いたい。いいかな？」
- 「よし、それじゃすぐに戻るよ」
- 「よし、それじゃちょっとだけ時間をくれ。俺は出なくちゃいけないから」

男女混合グループにいるときは、すべての男の敵意を和らげ、ターゲットに脈ありサイン《IOI》を示す前に人間関係を察知しておこう。

駒《ポーン》をつくる

目の肥えた女とゲームをするときには「俺は事前選択《プリセレクション》されている」と示さなければならないことが

多い。

10点のグループにアプローチする前に、まず7～8点の女がいる隣接したグループにアプローチして、女を惹きつけて根回ししておこう。彼女は使える駒《ポーン》になる。これで君は事前選択《プリセレクション》されたことになるので、次に10点のグループにアプローチしてみよう。君には高い価値があると認識されているため、アプローチは容易なはずだ。また、別の女に腕をまわしていることで、アプローチしてもそれほど恐怖心を抱かせることはない。

A3フェーズのどこかで、10点の女が君の愛情を得ようとしてきたら、7点の女でなく10点の女を「選択」できる。そして7点の女は傷つかずに友人のところへと戻っていく。

社会的証明《ソーシャルプルーフ》を得るために、駒《ポーン》と一緒に現場を歩き回ろう。駒《ポーン》はグループへのアプローチにも利用できるし、後半の段階でドラマティックな状況を作ってターゲットを嫉妬させるのにも利用できる。

駒《ポーン》の参加は偶然であることが多いが、君の考えを察したうえで、意図的にゲームに参加する場合もある。

女友達《ピボット》を連れていく

女友達《ピボット》とは、社会的証明《ソーシャルプルーフ》を築き、グループにアプローチし、ターゲットを嫉妬させ、障害の注意をそらすために現場に連れていく女の友人のことだ。彼女から受けるサービスの見返りとして、君は彼女に楽しい時間を提供し、男たちとの出会いを手助けをしよう。十分に訓練された女友達《ピボット》はいい相棒《ウィング》よりも役立つことがある。駒《ポーン》と女友達《ピボット》を利用することで、社交的に見られるようになるだろう。

「前方合併」と「後方合併」

現場で経験を積むとき、グループの合併をやってみよう。人をほかの誰かに紹介する顔の広い男になるのだ。合併には「**前方**」と「**後方**」の２タイプある。

「前方合併」は、新しいグループにアプローチし、現在のグループをそこに合併することを意味する。駒《ポーン》を連れていくことは、「**前方合併**」になることが多い。

「**後方合併**」は、以前のグループにもう一度アプローチし、現在のグループと合併することを意味する。例えばターゲットが2人組で、ターゲットと2人きりになろうとしても、友人が1人で取り残されてしまうことをターゲットが気にして、隔離に苦労するようなときに特に役立つ。

別のグループを合併して大きなグループを作ることによって、ターゲットと2人きりになれる(「俺たちはあそこで座ってるから、ちょっとしたらおいで。でも2、3分だけ時間をくれないか」)。

君はグループとだけゲームをしているのではなく、部屋にいる人全員とゲームしているということを忘れないこと。その場で最も顔の広い男になろう。

独自の戦略を作り上げるには

- **「ミステリーメソッド初心者のための訓練」**を少なくとも1、2カ月行うこと。1時間に3つのグループ、ひと晩に4時間、1週間に4日はアプローチすること。
- 3秒ルールに従うこと。
- **「つかみ《オープナー》」のセリフ**に加え、**ネグ**や**偽りの時間制限**のやり方を覚えておく。また、独自のオープナーを使ってグループにアプローチする前に、ルーティーンも準備しておこう。
- しぐさ、ボディシフト、声のトーン、居心地のいい姿勢、強力なフレームの伝達を実践しよう。繰り返して慣れよう。
- **結果に執着するのではなく**、新しい趣味を始めたときのように、プロセスを楽しもう。
- グループを選り好みしないこと。大事なのは実践経験を積むことだ。男女混合のグループにアプローチしよう。大勢の素晴らしい人々に出会えるだろう。
- できるだけ早くグループに**とけこむ**練習をしよう。
- **さまざまな話題**を取り上げることと、**話題を断ち切る**練習をしよう。
- **ひと晩ごとに自分のレパートリーに新たなルーティーンを加える**。少なくとも、1つか2つは使えるストーリーを持っておくこと。

●君のウイングがグループに披露できるような自分の「**他己紹介**」を考えておくこと。またウイングの他己紹介も知っておくこと。

●数日ごとに新しいネグ、偽りの「相性最悪」、役割演技《ロールプレイング》、そのほか、使いまわせるセリフなどをいくつかルーティーンのレパートリーに加えること。それらを実践練習し、完璧を目指す。最終的には確実に使えるものにしよう。

●**頭が真っ白になってしまったら**、トラブルシューティングとして決まった手順を踏むこと。前もって準備しておけば、その場で考えて対処しなくてもいい。経験豊富なPUAでも頭の中が真っ白になってしまうことはあるが、そんなときのためにいくつかシナリオを持っている。例えば、お世辞を言ったり、それに対してさらに質問するなど、具体的なルーティーンが役立つ。もう1つの戦略は、自分がいつも聞かれるような質問をアレンジして言い換えよう。「きょうだいは何人いる？」と尋ねるのではなく「君は末っ子だろ」と言う。自然な会話を練習しよう。無口になってしまうよりは、おしゃべりになってどんなことでも話しているほうがいい（ただし絶対に、低《D》い価《L》値《V》を示すことにならないよう注意する）。話しているほうが、自分の性格を伝えることができる。

●実践のために、各グループに対して全力を尽くしてアプローチすること。スキ《キ》ンシッ《ノ》プを徐々に増やし、**従順度テスト**をできるだけたくさん行う。**キノをエスカレート**させる方法は、テクニックのなかでも特に重要だ。

●手に入れた電話番号には遠慮せずかけてみること。最初のうちはウソの番号を教えられる可能性も高いので、電話番号に大して重要な意味はないが、経験を積むためにとにかくかけまくること。

まとめ

A2のフェーズではグループに**高い《D》価値《H》を示す《V》**と同時に、ターゲットを**ネグする**。そうすれば、彼女は**脈《I》あり《O》サイン《I》**を送ってくるだろう。IOIはアプローチの進捗状況を測定するのに使える。

●一部の脈《I》あり《O》サイン《I》は、君に最低限の魅力がなければ出されない。女は君と同席してもいいと思う程度には惹きつけられていたとしても、一緒にその場を離れるほどには惹きつけられていないかもしれない。

●重要な脈《I》あり《O》サイン《I》は次のとおり。君が話すのをやめたときに女が会話を再び始める、女がクスクス笑う、触れてくる、女が一体感《ラポール》を求めてなごみを築こうとする。

●女が示す唯一の脈《I》あり《O》サイン《I》が、**受身の脈《I》あり《O》サイン《I》**しかないこともある。ゲーム中に**従順度テスト**をすべき理由はそれだ。女は、自分の目的に沿う場合には、ときどき**偽りの脈《I》あり《O》サイン《I》**を出してきたりもするが、ほとんどの場合、人は彼女たちが発するIOIに気づかない。

●**脈なしサイン**《IOD》も存在する。女が脈なしサイン《IOD》を出す場合、君に興味もないし、付き合いに投資する意志もないという意味だ。

●**ネグ**は、ターゲットに関心のない人間だけが述べるような当たりさわりのない発言のこと。実際には脈なしサイン《IOD》の1つといえる。

●ネグには3つのタイプがある。**ショットガンネグ**《ばらまき》は、関心がないことを伝え、グループの敵意を和らげる。**ティーズネグ**《からかい》はうぬぼれてふざけた態度を取って、イチャつくためのもの。**スナイパー**《狙い撃ち》**ネグ**は、実際にはターゲットは低い価値《DLV》を示していないのに、そうしてしまったと思わせることによって後ろめたさを生じさせるもの。

●SR価値の上昇を伝えるものはすべて、**より高い価値を示すこと**、つまり**DHV**だ。

●その逆に**DLV**、つまり**より低い価値を示す**ものもある。

●高い価値《DHV》を示すこととネグの合わせ技で、障害の敵意を和らげて仲よくなれる。そうすることでターゲットのグループから社会的証明《ソーシャルプルーフ》を得ることができる。一方、ネグされたことによって、彼女は自分が彼にふさわしいかどうかを確認しようとして、脈ありサイン《IOI》を出してくる。これがA2だ。

●お互いをよく知った間柄では、話している間に**さまざまな話題を取り上げる**傾向があり、知り合ったばかりの間柄では、たった1つの話題から離れられなくなる傾向がある。さまざまな話題を持ち出すことによって、会ったばかりなのにまるで昔から友達同士だったかのような感情を作り上げられる。また、会話から締め出されることもなくなる。

●ある話題が君にとって役立たないときは、ためらわず断ち切って、違う話題を導入しよう。自分の提供した話題を断ち切ることになったとしても、そうするべきときもある。

●「ところで、君たちってどういう知り合い？」は、すべてのグループで聞くべき質問で、非常に役立つ情報が手に入ることが多い。

●ストーリーは、自分のポジティブな特徴や性格を伝え、聞き手をリードしていくものであること。中間地点に達したら、次々とストーリーを伝えよう。あまりにも突拍子もないものや印象的な内容にする必要はない。ただ人を惹きつけて楽しませるものであれば十分だ。短ければ短いほどいい。

●A2のうちにグループに**とけこまなければならない**。君が何かにもたれ、女たちは部屋の中央に背中を向けて、お互いに向き合っているような状態になっているとよい。

●ターゲットを無視していると、彼女が退屈して気が散ってしまうことがある。そのまま立ち去られないように、**釘づけにする小道具**《ロックインプロップ》を使って動けなくしよう。

●**駒**《ポーン》とは、社会的証明《ソーシャルプルーフ》を築き、グループにアプローチし、ターゲットの嫉妬をかきたてるために手をまわしておいた女のこと。彼女には男たちとの出会いを提供しよう。

第7章　フェーズA3——自分からも関心を見せる

君への興味を芽生えさせたら、ようやくゲーム開始だ。惹きつける力さえあれば女を落とせるというのはよくある間違いで、女には、2人の付き合いに**投資**させなければならない。そのために一体感《ラポール》を築こう。

惹きつける力があれば投資させるのには役立つが、その力は霧のようにはかない。彼女は今夜、君とセックスするかもしれないが、かといって明日以降も電話に出てくれる保証にはならない。

A3ではまず惹きつける力を使って、彼女に高い価値《DHV》を示させる。その後は君からも脈ありサイン《IOI》を出していい。惹きつける力はあくまでもツールだ。ターゲットが自分自身の価値を誇示したくなるように仕向けるために、「おあずけ」と「審査《スクリーニング》」を組み合わせて、彼女の関心をうまく利用しよう。

君を惹きつけようとして女が価値を誇示してきたら、脈ありサイン《IOI》を出してご褒美をあげること。このプロセスを繰り返すごとに、女を自分のほうへおびき寄せることができる。女にご褒美をあげることが、投資させることにつながっていくのだ。女は自分が価値を示すたびに報いられることで、ますます大きな価値を示すように仕向けられていく（**図15**）。

図 15　女の投資を誘うしくみ

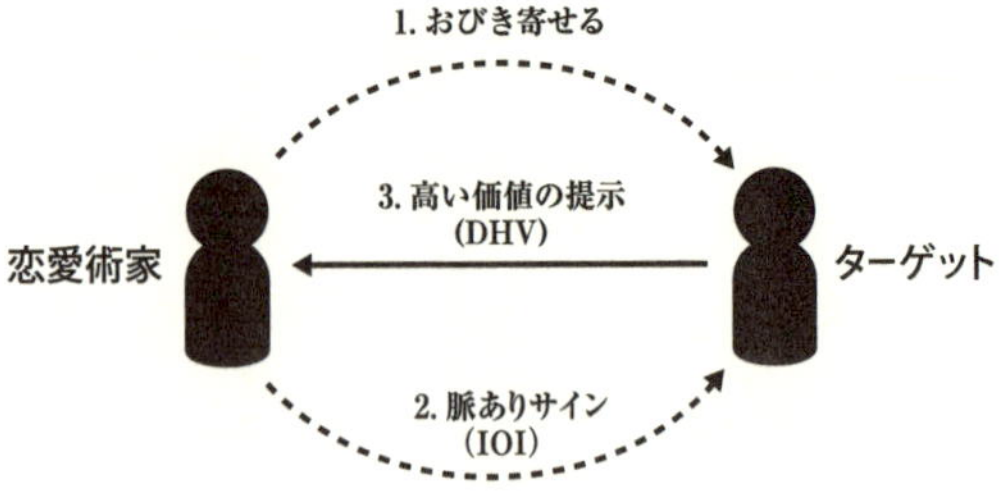

つまるところ、また男女の絆の話に戻る。進化の過程で設計されたとおり、女はセックスするときに男よりも大きなリスクを感じる。女にとっては、君に惹きつけられているというだけでは、セックスする理由としては不十分なのだ。お互いの「男女の絆」が同じくらい深まっていると感じられなければいけない。

　女がセックスに同意するということは、彼女が妊娠して洞窟にいるとき、男もつきそってくれるし、狩りをして獲物を持ってきてくれると確信できたということだ。そうでなければ、妊娠している間に浮気されてしまうかもしれない。もしそうなれば手痛い失敗だ。

　これはあくまで感情の上での話であって、実際に男女の絆がその状態に「ならなければいけない」のかというと、もちろんそうではない。ひと晩だけの関係はよくあることだ。では実際にはどういうことなのかというと、つまり女は依然としてそういう感情回路を持っており、それがいまだに女の行動の決定要因となっているということだ。女は、とりこにするためには自らの努力と投資が求められるような価値の高い男を好むようになっているし、彼を自分のとりこにしたいと望んでいる。女が求めているのは、男と自分が絆で結ばれていると感じられることだ。

女は、自分が「ただの魅力的な女」ではなく、「特別な女」として重要視されている実感を欲している。そのためには、女自身が付き合いに投資して、少々の喪失の不安を抱きつつも、「彼は私に惚れている」と感じられること――男の「絆」の回路もまた、動き始めているようだと感じられることが必要なのだ。

君の愛情を得る努力をするように彼女をおびき寄せ、その結果として「男女の絆」が高まったことをうまく伝えられれば、A3をマスターし、なごみを築く段階に移る準備ができたと思っていい。

フレームを支配しろ

フレームとは、発言の裏にある真意のことだ。状況、意味合い、自分が伝えるすべてのことにおける暗黙の了解と言ってもいい。

誰かが「今日は魚の食いがよかった?」と尋ねてきたら、君が釣りに出かけていたことを暗示している。彼は君が釣りに出かけていたとは言っていないが、周囲の聞き手はそういうことだと思い込む。これはフレームのほんの一例だ。

フレームは内容に意味を与える。例えば、ある人が「ああ、あいつはgot off した」と言った場合、この発言の意味するところは、状況に応じて、ある男が1日の仕事を終えた、裁判所で懲役刑を免れて釈放された、オーガズムを経験したという3つの異なる意味が考えられ、「フレーム」によってこの意味のうちどれが受け入れられるかが決定される。**フレームを制する者がやりとりを制する。**

人付き合いでは絶えず**フレームゲーム**が行われている。話しながら見せる微妙なしぐさや、主張のとらえ方次第で、受け入れ方も変わってくる。言っていることとやっていることがきちんと一致して伝達されれば、人々は深く考えることなく、そのフレームを事実として受け入れてしまう。

「**フレームが強力であれば、何をしても許される**」。この概念は本書のあらゆるアドバイスの柱となっている。君が適切かつ強固なフレームを持っていれば、あらゆるルールを破ることができるし、何でも機能させられる。理論的に間違ったアプローチをしても、女は反応するだろう。

女に飲み物をおごるのは初心者のやりがちな稚拙なアプローチだが、誰かが飲み物をおごって女をモノにしたという話はよくある。女におごるべきか否か。どちらが正しいのだろうか。**現場が答えをくれる。現場に出かけて、そこで直感に耳を傾けよう。どうすればいいかはおのずと分かるようになる。**

女は必ず、自分にふさわしい男かどうか確かめるために君をテストをしてくる。彼女のフレームにたやすく当てはめられてしまうようであれば、価値の低さを露呈することになる。低い価値《DLV》を示したことによって、彼女とセックスする機会はなくなるだろう。

女にすら太刀打ちできない男に、女のため、そして子孫のためにこの過酷な世界に立ち向かえるだけの力があると思われるわけがない。女は強い男と一緒にいることで安心を感じるし、そのことが無意識下における異性選択の戦略で大きな判断材料となる。もし、最愛の人を守りたいという気持ちが自然とわいてこないなら、そうなるまでふりを続ければいい。練習はウソをつかない。

現場では、男もフレームゲームをしかけてくることがあるので注意しよう。ターゲットのグループの前で男に利用されてしまったら、彼は高い価値《DHV》を示して、女たちを魅了するだろう。女はほぼどんなときでも、価値が高く、強力なフレームを持つ男を選ぶので、君との浅く楽しい関係になど目もくれず、その男を選ぶだろう（たとえ君が彼氏だったとしても）。

そういう事態を防ぐ唯一の要因は、彼女が君にどれだけ投資してきたかによる。彼女がすでに多くの時間と労力を君に投資している場合、次の男に飛びつくことは心理的にかなり難しい。

フープセオリー

人々がしかけてくるフレームゲームの1つに、自分の持った**フープ**を相手にくぐらせることができるかどうかの確認がある。女がよくやる例としては、自分のバッグを持たせようとしたり、飲み物をおごらせようとしたりするなど。いくつか例を挙げよう。

- 自分を追いかけてくるかどうか確認するため、偽の脈ありサイン《IOI》を出してくる。
- 君がいいところを見せてくるように仕向けようとして、発言する。
- 君が気をもむかどうか確認するため、偽の脈なしサイン《IOD》を出してくる。
- 君が言い訳しようとしたり、または謝罪するように仕向けるため、何かを尋ねてくる。

これらはすべて、女としての自らの支配力を確認するために女たちが出してくるフープの例だ。女のために何かをする、追いかける、誇示する、反応する、謝罪する、言い訳するなどは、すべて女が測定して利用するための脈ありサイン《IOI》だ。

女の出してきたフープをくぐると、同時に2つのことが起こる。1つは、女は自分自身に満足し、自分が最低限のレベルをクリアしていることに自信を持つ。もう1つは、彼女は君に魅力を感じなくなるかもしれない。たとえ女が「良い」反応を見せたとしても、それはセックスに少し近づいたという意味ではない。

他人にただ利用されるだけの間抜けになるのはもちろん嫌だろうが、つねにパワーゲームを演じるロボットになるのもお断りだろう。忘れないでほしいのは、リラックスして、自信を持って女との付き合いを楽しんでもらいたいということ。みんながいつも君にひどいことをしようとしているわけではない。

女からフープを与えられると、欲求不満のモテない男（Average Frustrated Chump／AFC）たちはすぐにでもフープをくぐろうとする。そうすることで、彼女にどれほど関心があるかを示せるし、その行動はロマンチックで、女をとりこにできて、そうしない男はバカだと勘違いしている。

君は女のフープをくぐる必要はない。女にフープし返すのだ。新たなフープを作って女が出したフープを完全に無視すればいい。沈黙が最良の反応であることも多い。いくつか例を挙げてみよう。

●新たなフープを作る

女：なんで私に話しかけるの？
君：君、いつもそんなふうに口紅を塗るの？
あるいは、
君：（女の友人に向かって）この子いつもこうなの？　よく聞いて。【ルーティーンを始める】

●女の発言を無視する

女：このシャツどうしたの？
君：（沈黙）
あるいは、
君：やあみんな、聞いてくれよ。先週末に友人と俺は……。【ルーティーンを始める】

●女のフープを横取りする

女：飲み物おごってくれない？
君：俺におごってくれるなら考えてもいいよ。

あらゆる会話には「ギブアンドテイク」がある。**もし先に女にフープをくぐらせることができれば、次にフープを出されたときにはくぐっても大丈夫**だ。

この場合の例をいくつか挙げよう。

●**例1**

女：あなた、いくつ？
君：当ててみな。
女：うーん、26歳？
君：惜しい。28歳だ。

この例では女は君の年齢を尋ねてきた。だがすぐに回答するのではなく、まず女に推測させてみよう。

●**例2**

君：君はいくつなの？
女：当ててみて。
君：年下か年上か、どっちって言ってほしい？
女：年下！

君：わかった。じゃあ22歳に見えるって言っとく。

例2では、女は同じトリックを返そうとしているが、君は会話の主導権を手放していない。

フープのおもしろいところは、**フープであることが明白であればあるほど、人がそれをくぐる可能性は小さくなる**ということだ。

例えば、誰かが「ああ、君、ちょうどいいところに立っているみたいだから、水を取ってくれないかな？」と頼んできたとしよう。これは極めて合理的なフープであり、おおかたの人はそういう要求には抵抗しないだろう。

そうではなく、もし「おい、そこのバカ。お前みたいなクソ野郎はキッチンに行って俺に水でも持ってこい」と言ったらどうなるだろうか。このフープをくぐれば、自分がクソ野郎だという言葉を受け入れることになるので、言われたとおりにする人はいないだろう。

まずは小さなことから始めるといい。害のない小さなフープにターゲットをおびき寄せよう。「ちょっとの間、俺の飲み物を持っていてくれないか？　ありがとう」

女を思いどおりにさせていくにしたがって、フープはより大きく、何度もできるようになっていく。ソーシャルダイナミクスでは、このプロセスを「服従のプロセス」と呼ぶ。

まずは君の年齢を推測させるなどの小さなことから始めれば、すぐに君の背中をマッサージすることに喜びを見いだして、君の夕食を作らせることもできるようになるだろう。

「立場逆転」の方法

前章では、ロールプレイングによって「惹きつける力」を生み出す方法について話した。
君がいかに素晴らしく最高の役割を演じられるかが、ターゲットよりも高い社会的価値を持てるかどうかにかかわってくる。君は絶対にターゲットよりも優位に立たなければいけない。でなければ、魅力がないと思われてしまう。

君の行動や微妙なしぐさが、この「優位」の前提を崩してしまう可能性がある。前提として伝えるべきフレームとは、「彼女が君を求めて追いかけるのであり、君は彼女よりも高い価値を持つ人間で、この関係を続けるかどうかの決定権は君にあり、求める要件を彼女が満たしているかどうか確認するために審査している」というものだ。女が話の中に彼女自身の高い価値《DHV》を示すことを組み込もうとしてきたら、こちらを追いかけてきていると判断していい。

うまくフレームを支配できないときは、これは女たちがいつも使ってくる戦略だということを思い出してほしい。女はどんなささいな話にも「私は貴重だ」というフレームを設定してくる。女のフレームに取り込まれず、フープを横取りするつもりなら、君のほうがフレームを利用するのだ。

例えば、ナンパして数分たったところで軽めのスキンシップ《キノ》をして、「あのさ、君ってほんとにうまいよね」と言ってみよう。彼女は「何が?」とか「それ、どういう意味?」と聞いてくるだろう。

そこで答える。「君はその社交術で、俺の3分間をゲットしたんだ。やったね」。それから笑顔ですぐに会話を続けよう。

この暗黙の了解に気づいただろうか。すなわち君は貴重なものであり、追いかけられる人であり、これから次の段階に進むかどうかの決定権を持つというものだ。手に入れられそうならどんな女でも受け入れるのは負け犬だ。勝者は選り好みする。そして女の脳は、自動的に勝者に反応するようになっている。魅力には抗えない。

立場を逆転するためのセリフの例は次のとおり。

● 「飲み物をおごったくらいで、何か得られるなんて思わないようにね」
● 「なんだよ。君、いつもこんなにでしゃばりなの？」
● 「事を急ぎたくない」
● 「痛い目を見たくないからね。まずは、安心と信頼を十分に築かないと」
● 「まず君についてよく知りたい」
● 「初めてのデートでそんなことしないよ」
● 「なあ、商品に触らないでくれ。これはタダじゃない」
● 「それは俺が判断する」
● 「俺の身体目当てなんだろ？」

●彼女の手を取り、彼女が応えようとしたら引っ込めて「早まるなよ」と言う。
●「君はいつもこんなに押しが強いの?」
●「……まあ、君の運がよければね」
●「俺は、いますぐ親密な関係になる準備はできてない」
●「今日何も起こらないように、念のため古いブリーフをはいてきたんだ」
●「いや、マジでさ、君たち女ってそれしか考えてないよね」
●「信じられない。俺にセクハラするつもりか?」
●「キミハホントニスバラシイジョセイダネ」(これは強烈だ!)
●「あそこの男は、君とお似合いだよ」
●「君のことあんまり知らないんだけど」
●「ただの友達でいようよ」

これらのセリフは、適切な態度(自分のほうが貴重だというフレーム)を取っている人が使うとうまくいく。一部でいいから覚えておき、次の機会に試してほしい。物事が自分に有利に変化していくようすが確認できるだろう。

重要なのはセリフではなく、それに付随するフレームが持つ強度だ。フレームが強固であれば、適切なセリフが自動的に口から出てくるだろう。フレームが弱いのであれば、君が貴重なものだという幻想を作り上げるために、こういったセリフなどの作戦を考えること。すぐに貴重な存在になれる。「でしゃばり」だとか、「すぐベッドに連れ込もうとする」とか言って女を非難したからといって、本気で言っているとは思われない。君がわざと状況を間違って解釈したふりをしていると女は考えてくれる。ただし、フレームがあまりにも強力すぎると、そのフレームから抜け出せなくなり、彼女は自分を非難されたと受け取るだろう。

女は価値の高い男に反応するように設計されていることを忘れないでほしい。

高い基準を持つ

次のようなことを感じさせる男は、女に求める基準が低いことを意味する。

●手に入る女はすべて受け入れる（大して値打ちのない女も）。

●君に特別なところやユニークなところはないけど、ほかに選択肢がないので、君が相手でも仕方がない。俺みたいな負け犬とセックスしてもいいっていう誰かを見つけられただけで、もうけものだ。誰かっていうのはもちろん君なんだけど。

●俺と一緒にいると、君は平凡でださい人間になったような気持ちになるよ。

そうではなく、自分が高い基準を持っていることを女に示して、次のように感じさせよう。

●俺は女に関してたくさんの選択肢がある。俺は女とうまくいくようにできている。
●君とつながりができるとしたら、それは別に顔が好みだったからじゃない。君が俺の高い期待に応えられる、特に優れた人物だからだ。
●俺は質の高い女としか交流しないけど、君がまさにそうだ。

覚えておこう。女はこの種のことに対するアンテナを持っている。君がどっち側の人間かを見極めることができるし、それで感じ方も変わってくる。

多くの男は、女は選り好みすると想定してアプローチし、女のテストに合格したがっている。「あ、君はとっても魅力的だ。彼氏はいる？　飲み物をおごってあげたいんだけど、いい？」

こういう態度は完全に誤ったフレームを伝える。脳に生まれつき備わった魅力回路がそれに気づいて、女は関心を失う。だが君が**高い基準を持って**いれば、その逆もまたしかりだ。さりげないしぐさによって、自分は選り好みする価値の高い男だというフレームを設定することによって、女はそれに気づいて関心を持つ。女は、将来性のある男は選り好みするものだと思っているからだ。

君の検討に値するのは、次のような基準を満たす女だ。

●自分を大事にする魅力的な女
●社交的で友人が多い女
●冒険を切望する女
●行動力とポジティブな人生観を持つ女
●信頼できる女
●自分の魅力を知っている大人の女
●友人から同意を得なくとも、自分自身の満足を追求できる女
●一流で、教養のある賢い女
●冒険心のある想像力豊かな女

審査《スクリーニング》

審査《スクリーニング》の狙いは、「私はこの男に十分ふさわしい存在である」という期待を彼女に抱かせること。君は価値の高い男だ。たしかに彼女に興味はあるが、それ以上にもっと詳しいことが知りたい。彼女は利口だろうか。友人はたくさんいるだろうか。家族との関係は良好だろうか。ダンスはうまいだろうか。最近していることは何か。料理はできるのか……。

●「君には見た目以上の何かがあるの？」
●「大人になったら何になりたい？」
●「ここには見た目のきれいな子はたくさんいるけど、本当に大切なことは行動力や知性、あと、ささいなことでもいいからオリジナリティのある何かだよ。君についてもっと知りたくなるようなことを何か教えてくれない？」
●「魔法使いが現れて、なりたいものにパッと変身させてくれるとしたら、何になりたい？　お姫さまっていうのはダメだよ」
●「君は何者？」
●「動物好き？」
●「君はいくつ？」（ここで「おあずけ」をする――「なんだ。まだ赤ちゃんじゃないか」）
●「ところで君の長所を3つ教えてくれないか？」
●「どこの学校に通ってた？　君は賢いの？　友人はたくさんいる？」
●「料理はできる？　背中のマッサージはうまい？　冒険は好き？」
●「君は情熱的？」
●「自分のことを進歩的で冒険家だと言う人はたくさんいるね。彼らは壮大な計画を立てて、新しい人々と出会いたいとか、ダイエットをしてるだとか、しゃれた旅行をしたいなんて話す。でも結局は実行しないんだ。彼らは同じような古くさくて退屈なことをしながらブラブラ過

さらに投資させるための質問

- 好きな色は何色？
- 高校生のとき何してた？
- 昨日、夕食に何を食べた？
- 集中治療室に入ったことはある？
- 初めて酔っ払ったのはどこで何歳のとき？
- 君と君のきょうだいはお互いに秘密を守ってた？
- つらい別れの経験はある？
- 好きな食べ物、休暇の過ごし方、行きたい場所は？

ごしてる。君もそういう人間かな？」

彼女を審査していることは明らかにしないほうがいい。うまくやれば、君が「審査されていると思わせようとしている」ことには気づかれずに、彼女がひとりでに気づくだろう。そして「ああ、この男は私にもっと投資すべきかどうかを確認するために審査しているのね」と考えて、魅力スイッチが入る。

女は自然と、自分の探し求める男は選り好みする男であると想定している。つまり、選り好みは女の期待どおりの行動なので、非常に高い価値《DHV》を示したことになる。適切なフレームが設定され、彼女の待ち望んだサインを発し、投資させるようにおびき寄せる。

「君を審査している」と相手に伝えるには、適切なタイミングで脈あり《IOI》サインと脈なし《IOD》サインを出し、君が求める実際の基準を伝えること。また、自分が高い基準を持っていることを伝えられるような、具体的なストーリーもいくつか用意しておこう。

ご褒美はときどきあげる

動物の調教師は、連続してご褒美を与えるよりも、断続的にご褒美を与えるほうがはるかに効果的であることを知っている。同じように、ターゲットへのご褒美である脈ありサイン《IOI》も、連続して与えないこと。期待、疑惑、驚き、切望、喪失の懸念、そのほかたくさんのドラマティックな状況を作り出し、彼女のあらゆる感情をかきたてる。経験にますます説得力を持たせるために、方程式に不確実性を取り入れよう。

「女には脈ありサイン《IOI》で報いる」というのは、最も単純な解釈にすぎない。実際には、予測のつかない断続的な脈ありサイン《IOI》と脈なしサイン《IOD》を出すことで、女の投資に報いてやるのだ。この気まぐれなサインが感情を強く刺激する。こういう方法でご褒美を与えられた女は、君を追いかけ、**従順度テスト**に応じる可能性が高くなる。

キノのエスカレート

「**キノ**」は「**キネステティク（触覚）**」からきた造語で、ボディタッチのことだ。恋愛術家がキノと言うときは、あらゆる種類のスキンシップのことを指す。

ゲームの重要な原則は**「何事も絶対に一大事ではない」**ということ。よくいるモテない男は、女をデートに連れ出して、その夜の最後にキスしたいと思っている。それまではどれほど彼女を大事にしているかを見せようとするが、夜が更けるにつれ、気まずいキスの瞬間にどんどん近づき、突然大きく方向転換してキスを目指そうとする。これでは**一大事**になってしまう。

初めてのキスがぎこちなくて変だったら、それが最後のキスになるだろう。女はこういうことに対して非常に厳しい。女たちは、自然で、**当然で、**現実のことだと感じられる「王子様との出会い」という空想を抱いている。そして現実には、ゲームをする男（実践をする男ととらえてほしい）とくっつくのだ。

物事が正しく運べていれば、キスも「決定的瞬間」にはならない。**グループへのアプローチという極めて早い段階から自然な流れのキノが生じ、セックスまでずっと続いていく。**「その瞬間」まで、流れが途切れないことが重要だ。特に気を引くような瞬間はなく、ひとつひとつの瞬間が一連に発生することによって、女はそれを自然な結びつきだと感じる。したがってキノは早い段階から始めて、そこからさらに深めるようにすること。

2匹のクラゲが浮いているところを想像してみてほしい。まず、いくつかの触手がわずかに触れ合う。巻きついて、滑り落ちてまた触れる。それから、さらに多くの触手が自然とダンスのように加わっていく。いくつかの触手がより強く引きつけ合い、さらにたくさん触れ合って結びつき、どんどん近くに引き寄せられていくうちに、2匹のクラゲの間にはエネルギー――つまり、強い相互関係が生まれる。君とターゲットはクラゲだ。

何か物事が起きるとき、その瞬間だけがたった1つ存在するわけではない。それはさりげなく、自然で、偶発的な、だんだんとスピードを増すダンスのようなものだ。だいたい十数個ほどの動きからなり、一部は繰り返される。

ボディタッチは楽しい雰囲気作りの助けになる一方、「もっともらしい拒絶」を生み出す場合もある。では、ボディタッチによって親密な雰囲気が作り上げられるのだろうか、それとも、親密な雰囲気だからボディタッチができるのだろうか。

親密さというのは、自走式のシステムのように、2人の仲が高まっているのがはた目にも明らかになるまで自らをあおり、炎のように火花を散らし、雪だるま式にふくれ上がって、自ら勝手に前へ進んでいくものだ。

キノをエスカレートさせるために重要なのは、一定のペースを保つこと。ボディタッチそれ自体を重ねることではない。ボディタッチは、フットボールでゴールラインに近づくためにかせぐヤードのようなものではなく、ターゲットとの間に一定の関係を生み出すために、ほかのさまざまなツールや作戦に組み入れるべき作戦なのだ。期待と興奮をはらんだ空気をかもし出そう。

キノをエスカレートさせるためのチャンス

高い価値を示し、がっつかず、女の感情を刺激し、フレームを支配し、関係を築いていけば、キノをエスカレートさせるチャンスは増えていくだろう。

一方で、気配を感じられずにキノのチャンスを逃すと、価値の低さを露呈することになり、一緒にいたくないと思われてしまう。アプローチの機会を見逃せば、行動を起こせないヘタレか、アプローチする能力がないのだと判断される。人の心を読み取るのが下手だとか、そのせいでなかなか声もかけられないのだと思われるのは避けたい。どれも低い価値《DLV》を示すことだ。

女がそこにいて話しかけてくるなら、キノをエスカレートさせ続けよう。雰囲気が盛り上がっているかどうかにつねに気を配ること。これは調整力を高める最良の方法でもある。調整力が的確になればキノをスムーズにエスカレートさせられるようになる。それこそがスキルを築くうえでの長期的な目標と言ってもいい。キノの例をいくつか挙げよう。

●腕を組む
●手が触れ合う
●抱き合う
●背後から抱きしめる
●唇にキスする
●首にキスするか、噛む

●手を膝の上に置く
●膝の上に座る
●腰に腕をまわす
●顔に触れる
●匂いを嗅ぎ、髪を引っ張る
●腰を触る

〝いかにも〟なボディタッチをしない

女の手に触れるときは、「しっかり手を握り合う」などの、まるで10代のカップルが自分たちだけの縄張りを作るようなフレームを設定しないこと。その代わり、手相を見たり、指ずもうをしたり、グータッチをしたり、手を取っておどけたダンスをしよう。

大切なのは、君の手との接触に慣れさせ、この単純な行為をごく自然で当たり前のことだと感じさせること。ほかの男が手を握ってきたり身体に腕をまわしてきたりするときのように、どこかへ連れて行かれると思わせてはいけない。そうではなく、ボディタッチでなごみが築かれていくにしたがって、これは楽しく、正しいことだと感じさせるようにするのだ。彼女が不愉快になるほどしつこく触り続けないこと。

言い訳しない

ボディタッチをためらったり、弱気になったりしないこと。自信を持って自然にやろう。男女間のボディタッチは、グループを支配する男が支配力を誇示する方法の1つだ。

つねにリードする——一度に一歩

小さく刺激の少ないフープに人をくぐらせる調整は簡単だ。この原則を覚えておこう。女たちに気づかれなければ、フープが次第により大きく、はっきりしてきても、彼女たちは君のフレームから抜け出せなくなる。

例えば、スピン作戦をするときに「君をぐるっとまわすから、手を取って」と言ってはいけない。このフープは大きすぎて、よっぽど高い価値を示さないかぎりフープをくぐらせられないし、フープだと気づかれてしまう。

そうではなく、自分の手を伸ばして「こんなふうにして」と言い、彼女がまねしてきたら手を取る。次に、彼女の周りをまわるときに「ぐるっとひとまわりしようか」と言う。少しずつ進めていけば各ステップに従わせるのは簡単だ。女と付き合うときは、毎回こうやってリードしよう。

1歩前進、2歩後退

女の気分が高まっている間は1歩前進する。しかし、ためらいや抵抗などの兆候が見えたら、2歩後退しよう。そして、それからもう1歩前進するのだ。

女の手を取ってみて何らかのためらいを感じたら、手を放そう。そのあとでもう一度手を取れば、すぐに従わせることができる。「2歩後退」は「1歩前進」よりも大きな不快感をもたらすため、ターゲットは次に君が前進しようとしたら従う可能性が高くなる。

緊張をもたらし、彼女を押しのける

一部の人々は、男の役割とはキノをエスカレートさせることで、女の役割とは抵抗することだと考えているが、そうではない。男の役割はその両方だ。

まるでフットボール場でヤードをかせぐようにどんどんキノを高め続けようとすれば、過剰な関心を伝えることになって、彼女に気まぐれなサインを出しても何も感じさせられなくなる。

女にどんどん近づいていくと、緊張した空気が生まれる。彼女は過剰な不快感を覚えた時点で離れていくだろう。離れるのではなく、追いかけてきてもらいたい。緊張が生まれたら、女を押しのけるタイミングだ。これには、そっぽを向く、偽りの「相性最悪」、その他いくつかの脈なしサイン《IOD》を利用するなど、身体的・精神的な方法がある（「俺から離れてくれないか」）。

そして自分が貴重なものであるというフレームを設定する。例えば「明日も仕事があるから」と言って、女に口説かせる機会を与えない。彼女を突き放せば、君にはさらに強力な惹きつける力が生まれて、彼女はすぐにもっとじゃれ合いたくなるだろう。これによってなごみも生まれる。

しょっちゅう突き放されていたら、男が自分から何かを得ようとしているとは女も思わない。君といても危険はないと感じられるし、自己防衛するために感情を遮断せずに、強めてもいいと思える。そしてまた女を引き戻せば、押し進むことは彼女にとってはるかに刺激的に感じられるのだ。指ずもうをしたり手相を見たりしたあとは、女の手をポイと脇に放っておこう。数秒間のロールプレイングで彼女を抱きしめる場合には、キノを工夫して、彼女を押しのけよう。承認と拒絶のサインを駆使し、だんだん近づいて、俺たちは絶対にうまくいかないなどと言いながら、同時に指で彼女の頬をなでて、それからそっぽを向く。脈ありサイン《IOI》、脈なしサイン《IOD》、偽りの「相性最悪」、ロールプレイング、ストーリーなどを使いながら、ボディシフトも利用すること。

キノを送り合う

キノの相互送信は、2人が惹きつけ合う力が高まっていることの表れだ。例えば、女の肩を押してみて彼女が肩を押し返してきたら、2人はキノを送り合っているということだ。周りの人々は君たちに「どこか2人になれるところにでも行けば?」と言ってくるだろう。キノの相互送信はサインであると同時に、惹きつける力の発生源でもある。ちょっとした言葉の応酬から始まり、脈ありサイン《IOI》の送信とも似ているので、女が送信に応答しているかどうかは簡単に確認できる。

グループのメンバーに隠れてキノを送り合っていると、余計に楽しく感じられるだろう。こうすることで口の堅さを示し、内輪意識を築き、興奮が高まっていく。

「おあずけ」する

そっぽを向いたり脈なしサイン《IOD》を出すタイミングと、惹きつける力の火花のタイミングとを一致させる判断の練習をしよう。

例えば、女の感情が最も刺激されたか、自分が君にふさわしい女かどうか確認したくなったであろう瞬間に、ちょっと向きを変えて、女が少し寄りかかってきたら「え、何？ その子犬が何だって？」と言ってみよう。タイミングをつかむには練習が必要だ。惹きつける力は、あくまでエサでしかないことを忘れないように。

女が君を引き戻そうとしてきたら、脈ありサイン《IOI》を出して断続的にご褒美を与えよう。女は惹きつけられている最中に攻撃されたと感じたとき——つまり、君から高い価値《DHV》を示された直後の「おあずけ」がいちばん効果的だ。このとき、関心を取り戻そうとして追いかけてくる可能性が最も高くなる。同様に、君が脈なしサイン《IOD》を示すことによって、女がキノのエスカレートを受け入れる可能性が高くなる。

したがって、キノの直前に脈なしサイン《IOD》を出すのがベターだ。例えば、キスの直前になって背を向けてみると、キスが受け入れられる可能性はさらに高くなる。

ここでもうまく調整力を発揮できるように現場で実験しよう。ここは「目やについてるよ」「つば飛んできたんだけど」「ナプキンあるよ」などのスナイパーネグを使ういいタイミングだ。覚えておこう。目やにを非難するのではない。それは神が非難してくれる。彼女に恥ずかしい思いをさせようとしたわけではなく、たまたま起きたことなのだ。

このとき彼女は再び自分に関心を持ってもらいたい、なごんだ空気を取り戻したいと思うので、君から何か動きを見せても、彼女がつけ上がって離れていくことはない。彼女はばつの悪い思いをし、控えめになり、君の行動を受け入れるだろう。

しつこいようだが、彼女のドジを罰するのではない。女にあまり関心がない振る舞いを見せ、きまり悪さを味わわせるよう仕向ける一方で、自分はカッコいい男を演じつつ「誰にでもあることだから恥ずかしく思うことはない」と言う。それから少しの間、会話にのめり込むのをやめよう。すると、女はきわめてキノの影響を受けやすい精神状態になる。

従順度《コンプライアンス》テスト

ミステリーメソッドの概念の中心をなすものの1つは「**従順度《コンプライアンス》テスト**」だ。ここでは、飲み物を持ってこさせる、君の腕を取らせる、君の背中をかかせる、君にキスさせる、彼女の脚を開かせるなど、君のために何かすることをターゲットに求める。

彼女が君に従うようなら、いくつかのことが達成されたと見ていい。まずキノの相互送信と同じように、それは彼女からの脈ありサイン《IOI》であり、君は惹きつける力を発揮しているということ。2つ目に、キノを深めたことによって、彼女はいまや君のボディタッチをますます心地よく感じる状態になっているということ。3つ目は、彼女はこれまで以上に君からの影響を受けており、君のフレームが適用されているということ。

断続的に脈ありサイン《IOI》を出してご褒美を与えよう。手を使った従順度テスト《コンプライアンス》をしてから、その手をパッと放してみてもいい。ただし、次に彼女が従順さを示したときには、褒め言葉や別のボディタッチ、あるいは笑顔で彼女に振り向くなど、ご褒美を与えてもかまわない。そのあとに、もっと性的な緊張感をもたらす別の脈なしサイン《IOD》を続けよう。

従順度テストで見られる脈ありサイン

●女の手を取って、放す。女が再び君の手をつかむ。
●女の手を握り、女が握り返してくる。
●女に触ると、女が触り返してくる。
●女の膝の上に手を置いても、女は放置している。
●女に腕をまわして歩きまわる。女は従う。
●女の膝の上に座っても、女は拒否しない。
●グループにとけこむと同時に、話しながら女の手を取り、少し近くに引き寄せる。ゲームをしかけて、いま君の両脚の間には彼女が立っている。

キノテストのルーティーン

手のひらを上に向けて、前方に差し出そう。そして、相手にも手を差し出すことを期待しているというのを身振りで伝える。これは従順度テストだ。彼女が手を差し出してきたら握って、握り返してくるか確認する。次にゆっくりと手を下げ、ボディタッチを続けるために彼女がその動きに従うかどうか確認しよう。

- ●キノをしたら、彼女の手を離してみる。
- ●彼女が合格したのか失敗したのかを伝えてみる。
- ●彼女にキノテストをしながら、ルーティーンを説明してみる。
- ●ほかのことを話す間に、さりげなくキノテストをしてみる。
- ●グループに侵入してきたライバルの男に勝つために、ターゲットにこのルーティーンを使ってみる。

従順度テストに反抗されるようなら、脈なしサイン《IOD》を出し、高い価値《DHV》を示してから、続けて新たな従順度テストをしよう。例えば、立ち上がるように言っても彼女は従わないかもしれない。フープが拒絶されている状態だ。それは、グループに対して低い価値を示す《DLV》ことになってしまう。

ここで彼女を非難してはいけない。もしかするとまだ十分に惹きつけられていないか、フープが大きすぎて時期尚早なのかもしれない。気にせず新たに高い価値を示し《DHV》、ほかの小さな従順度テストを試してみよう。「手を見せて」（そのあと彼女の手を取り、こう言う。「オーケー、ちょっと立って」）

従順度テストは何百種類もある。例えば、近くに座るように言う、女にキスをする、何か質問をする、女の手を握る、女の首をなでる、女の手を君のペニスの上に置くのもそうだし、あらゆるキノのエスカレート、バウンスやムーブ、キノ、セックスそのものも従順度テストだ。

現在のターゲットとの進行状況が気にかかったら、自分の胸に聞いてみよう。「彼女の従順の臨界点はいまどのあたりだろうか？」

要求のレベルを引き上げる準備ができているなら、高い価値を示し《DHV》て、また従順度テストをしよう。君の価値が高まるにつれて、従順度テストの要求がどんどん高まっても従わせられるようになる。「ダイヤの原石」と話していると思わせれば、キノのエスカレートへの抵抗もすぐにとりのぞかれるはずだ。

従順モメンタム

ミステリーメソッドでは、人々との交流モデルが5つある。

①**DHV**　より高い価値を示す
②**DLV**　より低い価値を示す（君はこれをしてはいけない）
③**IOI**　脈ありサイン
④**IOD**　脈なしサイン
⑤**従順度テスト**（ほとんどすべての付き合いは、ある時点で従順度テストをすることになる。君は従ってもらえるだろうか、抵抗されるだろうか）

次に、アプローチ後にやることを説明しよう。ネグなどの脈なしサイン《IOD》を送り、高い価値を示し《DHV》てから、女が脈ありサイン《IOI》を出しているかどうか探る。脈ありサイン《IOI》を出してきていたら、従順度テストをする（脈なしサイン《IOD》を出してくるようなら、プロセスを繰り返す）。彼女が君に従うなら、脈ありサイン《IOI》でご褒美を与えてから、新たな従順度テストをする。このサイクルを繰り返すにしたがって、服従のプロセスが築かれていく（**図16**）。

セックスまでこのサイクルを続けていこう。君のテストの65パーセントに女が従うようになったら、セックスできるだろう（セックスよりもさらに深い従順は存在するが、本書では触れない）。

なごみは信頼と時間によってのみではなく、従順からもはぐくまれる。君のために何かをするよう誰かに頼むなら、見知らぬ人よりも友人に頼んだほうがやってもらえる可能性ははるかに高い。もし恋人にキスしようとしたら、彼女はそれを受け入れるどころか、君を引き寄せて激しくキスしようとしてくるだろう。それは彼女が君に高レベルの服従をしているからだ。だが赤の他人に同じことをしてみても、同様の反応が返ってくる可能性はほとんどない。

なぜこれを「従順モメンタム（勢い）」と呼ぶのかというと、従順はすべて従順それ自体の上に築かれていくからだ。従う人は従い続けるし、抵抗する人は抵抗を続けて憤慨し、服従に追い込まれるようなあらゆることを「攻撃」と解釈する。ただし従順の臨界点に達すれば、従わせ続けることは非常に簡単だ。

間違った従順

10点の女は、会ったとたん話しかけてくることもないし、オープナー《つかみのセリフ》に対しても従順度は低い。彼女たちを従順にさせるためには、まず脈なしサイン《IOD》を送り、高い価値《DHV》を示してから、従わせられるかどうかを確認してみるといい。

女たちがすでに従順なら、従順のプロセスはやらなくていい。例えば、7点のグループにアプローチしてすぐ惹きつけることができたのに、特に理由もなくネグしたりすれば、とたんにうまくいかなくなるだろう。

それは**間違った従順**を確立することになるからだ。君は彼女たちのよい行い（従順）に対して、罰（ネグ）を与えてしまった。また同じく、悪い行いに対してご褒美を与える（あるいは罰しない）のもよくない。間違った従順が築かれて、不利な状況になるだろう。

図16　服従のプロセス

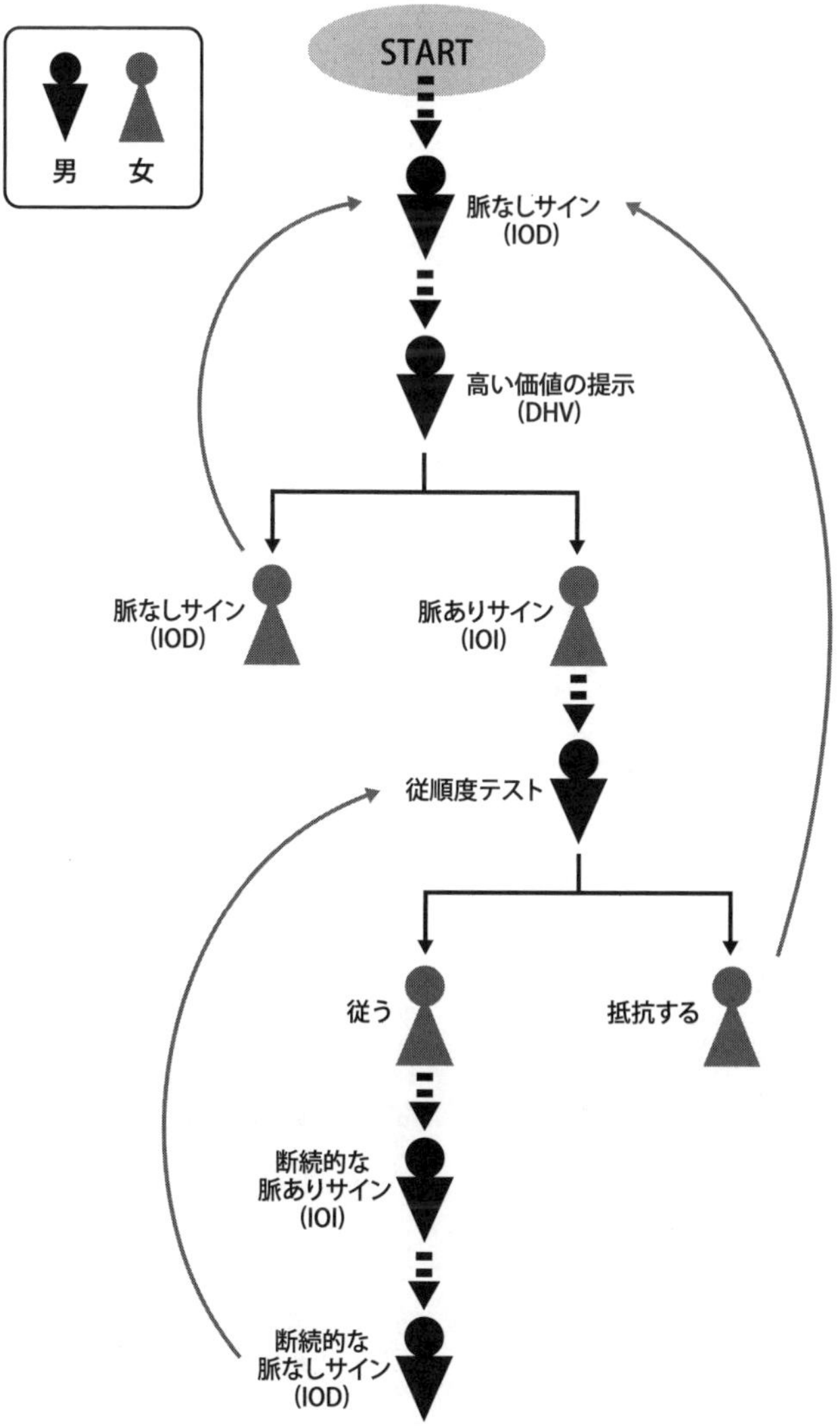
男
女
START
脈なしサイン
(IOD)
高い価値の提示
(DHV)
脈なしサイン
(IOD)
脈ありサイン
(IOI)
従順度テスト
従う
抵抗する
断続的な
脈ありサイン
(IOI)
断続的な
脈なしサイン
(IOD)

従順の臨界点

人間は誰かと親密な関係になろうと決めたら、一定の水準まではその人の要求に従う。君の示す価値が高まれば高まるほど、彼女はますます君と親密な関係になりたいと思うようになるので、雰囲気が良くなるほどますます余裕が持てるようになっていく。

抵抗の罰に脈なしサイン《IOD》、従順のご褒美に脈ありサイン《IOI》を使えば、あっという間に女を従順の臨界点まで連れていくことができる。**従順の臨界点**に到達するというのは、君に従うほうがより多くのメリットを得られると女が悟ったということだ。このとき、君はフレームを支配したことになり、女はリードに従うようになる。Ａ３のフェーズで臨界点に到達することが多いだろう。Ｃ１で抵抗されるようなら、実際にはまだＣ１に入っていないということだ。

自分を過大評価してしまうことを恐れないでほしい。むしろ従順度テストをするべき段階で、すでに一定レベルを満たしているのに、さらに価値を高めようとしてムダな時間を費やせば、間違った従順を作り上げてしまい、グループから追い出されかねない。

ある恋愛術家は、南部地方の女の子たちがあまりにもいい子すぎるため、惹きつけができたことを実感できず、ネグをやりすぎて彼女たちを不愉快にさせてしまう問題を抱えていた。こういうグループはすでに魅力スイッチがオンの状態になっており、キノを高めるべきところで不適切に罰してしまったため、やることすべてが従順度テストへの抵抗を生んでいたということがあとから判明した。

ギブアンドテイク

こちらが相手に従ってもいいのは、C1のフェーズに入ってからだ。

A2のフェーズでは、もし彼女が何か物を落としたら、そのことを材料にして彼女を攻撃しよう。こちらはまだいかなることに関しても従順になってはいけない。だが、なごみを築く段階に入ったら、落とし物を拾ってあげよう。ここでようやく従ってみせるのだ。女は誰かが自分を世話してくれることを望んでいるため、そういう行為が魅力的に映る。ただ、中盤戦に達していない相手から世話されたいとは思わないだけだ。

なごみが築かれた時点で、互いを口説き合う状態になるまで、互いに従い続ける。より理想的なパターンとしては、君が彼女の服を脱がせるのではなく、女が君の服を脱がせてくること。寝室で女に自分のところまでキャンドルを持ってこさせて、火をつけさせることができれば、事は起ころうとしている――従順は、そのことをはっきり示している。

女が従うかどうかは従順度テスト中に君が取った態度による。従順を要求してみても、彼女が心のどこかで「ここで従っても、お返しに彼も従ってくれることはなさそう」と感じた場合は、拒否されてしまうだろう。承認を得たがっていると思われないようにしよう。ただリードすること。

女を従順にさせるための例には、ほかにも次のようなものがある。

●彼女に投資させる（君のために飲み物を持ってきたり、君のために金を使ったりするなど）。
●彼女を君と一緒に移動《ムーブ》させるか、別のロケーションに飛び込み《バウンス》する。
●「釘づけにする小道具《ロックインプロップ》」を使う。女がアイテムを持つ時間が長ければ長いほど、ますます従順になる。女がアイテムを手放すようなら、反抗している。
●社会的圧力をかける。彼女のグループの誰かに、君に親切にするか、君の他己紹介をするよう彼女に伝えてもらう。すぐに彼女を服従させることができるだろう。

人は一般的に、自分にもっと大きな喜びが生まれるか、少しでもメリットが得られる場合に他人に従う。本質的に利己的なのだ。また脅威がある場合にも従う。ピストルを持つ男は、ホースを持つ男よりも人を服従させやすい。恋愛術家は抵抗の罰にピストルを向けたりはしないが、ほかの方法で罰を与える。

例えば、女に抵抗されるたびに「締め出し《フリーズアウト》」で罰しよう。脈なしサイン《IOD》も役に立つ。「締め出し《フリーズアウト》」をする場合、本気でしらけてしまったように見えるといい。故意に彼女を罰していると勘づかれてはいけない。

女の抵抗中に立ち去り、隣のグループで「嫉妬の筋書き《プロット》」を始めて、できるかぎり楽しんでいる様子を見せつけよう。そのあとで、彼女がやってくるのを待つか、ふらりと戻ってもいい（「締め出し《フリーズアウト》」と「嫉妬の筋書き《プロット》」については、第8章参照）。

Ａ２の初期では彼女に注目するのをやめて積極的に無関心でいよう。そして再び従順度テストを行い、彼女が従ったら脈ありサイン《IOI》を出してもいい。

見せかけの抵抗

キスなどでキノを深めていく段階では、かなり自由に女の身体に触れることができる（これも従順度テストの１つ）。

女たちは、身体的な高まりに対しては「見せかけの抵抗」をするように設計されている。これは「**軽い女じゃないアピール**《ASD》」だ。女は事が起こるのを待っているが、それは正しいことであり、自分のせいで起きたのでもないと思いたい。したがって彼女の脚に触れ続けていると払いのけられるかもしれない。軽い女じゃないアピール《ASD》が発動し、君を突き放そうとするからだ。

だが指でふとももをなでて、そのままタッチをやめれば、正しくキノを終了できたことになる。彼女はボディタッチが終わってしまったことを残念がる可能性さえある。ボディタッチが終わった時点で、彼女はボディタッチを受け入れた状態になっているのだ。

これは**一貫性の原則**によるものだ。タッチはすでに終わっているので、彼女にはもう異議を唱える機会がない。異議を唱えなかったことによって、「それはいやらしいことではない」と暗に受け入れたことになる。すでにその行動やフレームに慣れている彼女は、今後も拒絶しない可能性が高い。お情けで受け入れられているというわけではないのだ。

動きながら触る

この例の興味深いところは、**動き**が関係していることだ。

ふとももに手を置きっぱなしにするよりは、手を動かしながらふともも全体を触るほうがいやらしくない。また、服ごしに胸を触れるような状況でも、ただ乳房だけをつかむのではなく、全身に対する愛撫の一環として乳房全体をなでて、最後に腰など別の場所に手を落ち着ければ、もっと簡単に従順にさせられるし、彼女も喜ぶだろう。女に満足感を与えよう。

「相性最高」

「君は俺にふさわしい女だ」と女に知らせるべきタイミングは定期的にやってくる。女には「彼をとりこにした」と感じさせよう。でないと、とりこにできていないことで女をがっかりさせてしまう。

次に参考となるセリフを挙げるが、これはあくまでも一例であって、身振りを使ってもいい。脈あり《IOI》サインを出すように努めること。脈あり《IOI》サインに値すると思えることを彼女が言ったら、ちゃんと応えてあげよう。

セリフは使い方によって「相性最高」を表すこともあるし、「相性最悪」を表すことにもなる。注意しよう。

●「君、すごくかわいいね、クラクラするよ」
●「あのさ、君ってときどきおもしろいこと言うね」
●「うわー、すごいね！　なんちゃって」
●「変だなあ、君の近くにいると気分がいいんだ。残念なことに、俺のタイプではないんだけど」（偽りの「相性最悪」）
●「君はかわいいけど、悪い子だね」
●「え！　ダンサーなの？　すごいね。気軽に話しかけることもできないな」

脈あり発言

脈あり《IOI》サインは微妙なしぐさだが、**脈あり発言（Statement Of Interest／SOI）**は明確な言葉による発言であり、女への関心が高まっていることをはっきり示すものだ。例えば、女に飲み物をおごってから、次のようなセリフを言ってみよう。

●「初対面のときはただのブロンド美人の1人としか思ってなかったけど、君を知るうちに、そばにいると緊張するようになってきたんだ」
●「マジで信じられない。このバーで俺たちが出会えたなんて、こんな奇跡を信じられる？」
●「俺たちはあそこに座るけど、一緒に来ない？」

●「あのさ、君って本当にかっこいいよね。興味がわいてきた」
●「今度また会いたい。料理はできる？」

絶妙なタイミングでの脈あり発言《SOI》は、素晴らしい効果がある。

褒め言葉

●「すごく魅力的だ」「理想の女性だ」などというたわごとは不要だ。懇願のフレームではなく、「審査《スクリーニング》」のフレームから生まれる褒め言葉であること。
●女のスタイル、行動力、振る舞い、あるいは服装でユニークなところを褒めよう。ネックレスを褒め続ける男になるのではなく、女の**こだわり**に気づこう。
●女を褒めてから、審査の質問を続ける。褒めたあと、建設的な批判をする。
●女をネグして価値を示すのは効果的。
●**女のルックスについて触れてはいけない。**

君の望んだとおりに彼女が振る舞い、君が求める役割を果たすように仕向け、彼女を褒めよう。いくつか例を挙げる。

「自分の気持ちに素直だよね。女の直感を大事にしているんだな」。あるいは彼女が礼儀知らずな場合（または彼女のことを礼儀知らずだと誤解していることにしたい場合）には「君は上品だから、本当はそんなことできないはずだけど」と言う。

彼女をどのように「見なしている」かを伝えれば、君のためにそういう人間になろうとするだろう。彼女がその見方に同意した場合にかぎり、そうすることで彼女を喜ばせるといい。彼女のキャラクターを定義してあげれば、その役割を演じることによって心地よくなれるので、役割を果たそうとするだろう。

褒め言葉の例は次のとおり。

- 「君はあの子が本当にしたいことが分かっているみたいだ。尊敬するよ」
- 「本当に友達を大切にするね。いいお母さんになるだろうな」
- 「すごく前向きだ」
- 「仲間たちのリーダーは君なんだね。なんでかな？」
- 「すごく話し上手だ」
- 「とても品があるよね。こんなところで何をしてるの？」
- 「へえ、君は友達をとても信頼しているんだね。グループのリーダーっぽいな。君のバイタリティはいいね。（次のルーティーンに進む）家族とは仲がいいの？」
- 「表現力があるよね。エンターテインメント業界では、それってすごく貴重なことだよ。ただ見た目がいいだけの女性なら何百万人もいる。俺はちょうどカリフォルニア（注：ハリウッドがある）にいたんだけど、君みたいに社交的な性格の女性ってどのくらいいると思う？　それがとても魅力的で、価値ある資産なんだっていうこと、ちゃんと分かってる？」

エサ（ベイト）―引っかけ（フック）―引き寄せ（リール）―放流（リリース）

「**エサ―引っかけ―引き寄せ―放流**」という釣りの例えは、ゲームを学ぶ中で何度も出てくる。

　これはA3のフェーズで使う。ターゲットに脈ありサイン《IOI》を出したいのだが、簡単すぎると思われてもいけない（女は簡単すぎるものを「男女の絆」だとは評価しない。自分の魅力の証として脈ありサイン《IOI》を受け取ることはあっても、それで惹きつけられることはない）。

　これは、女がより高い価値を誇示したくなるように仕向ける方法なのだ。「私はもっと興味深い人間なのよ」と伝えたくなるように**エサ**で**おびき寄せ**よう（「君は何をしている人？」とストレートに聞いてはいけない）。

　女が回答したら（**引っかけ**）、君は脈ありサイン《IOI》を示す（**引き寄せ**）ことができ、そして再び女を突き放す（ナンパされているという圧力から**解放**する）（**図17**）。このプロセスを何度か繰り返そう。現場ですぐに使える例を挙げる。

君：【エサ】国籍はどこ？

図17 ターゲットに投資させるしくみ

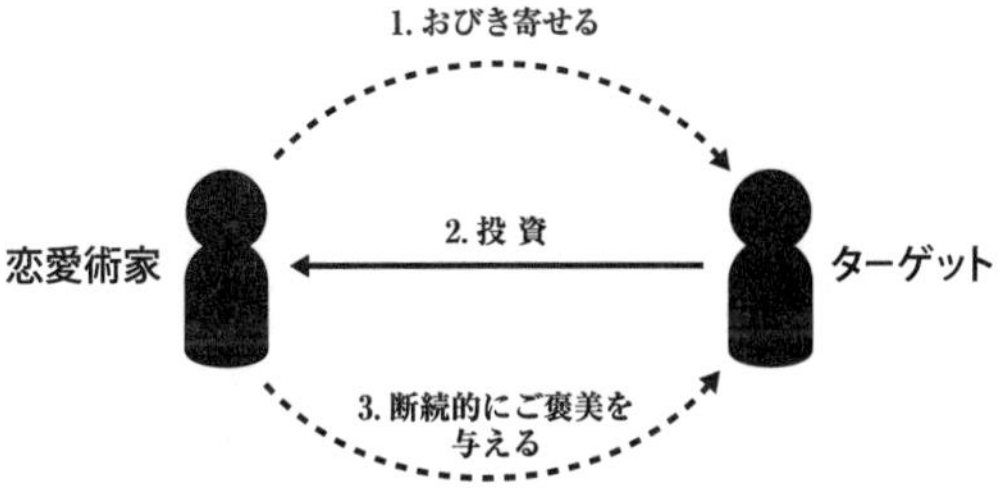

女:【引っかけ】フランス。

君:【引き寄せ】マジで? 高校時代、俺をこっぴどく振った子がフランス人だったんだよ!

【放流】もう君とはしゃべりたくない。

女が高い価値《DHV》を示してくるたびに、関心を抱いていることを示そう。女に君の脈ありサイン《IOI》を信じさせて、さらに君が脈あり発言《SOI》をすれば、彼女は、自分は君にふさわしい女だと感じられる。

こうすることでまず女のほうから脈ありサイン《IOI》を出してくるだろう。こちらからただ脈ありサイン《IOI》を出すよりも自然な感じに、しかもわずか数分で惹きつける力が発揮されるようになる。

ミステリーメソッドの重要な側面は、状況に合わせて**自分のアイデンティティ**とルーティーンを再構築していくことだ。頭の中で、時間をかけて1つ1つルーティーンを書き上げ、ルーティーンと君のアイデンティティとを合致させよう。ミステリーメソッドを使うためにマジシャンになる必要はないが、強力なアイデンティティを持つことは必要だ。

俺のアイデンティティを利用した例は次のとおり。

ミステリー：なりたいものになれるとしたら、何になりたい？　あ、お姫さまっていうのはダメだよ。

女：うーん、女優かな。

ミステリー：マジで！　俺、小さいときは、マジシャンになるのが夢だったんだ。俺がいま何をしてるか知ってる？　……マジシャンだよ！　君は女優になりたいんだよね。俺こそ「夢は実現する」っていう証明だ。君が女優になれたらすごくいいね。すごいよ。どうにか実現しよう。間違いなく大女優になる。……でも、君が俺よりも注目を浴びるようになったら、もう君と付き合うこともできなくなっちゃうな。

エサ―引っかけ―引き寄せ―放流の例えは、審査、フープ、キノのエスカレート、従順度テストなどのA3のプロセスで適用する。いくつか例を挙げよう。

エサ―女を挑発する。
引っかけ―女が高い価値《DHV》を示す。
引き寄せ―君が脈あり《SOI》発言をする。
放流―偽りの「相性最悪」。

エサ─女に従順度テストをする。
引っかけ─失敗、抵抗される。
放流─女に脈なしサイン《IOD》を示す。

エサ─何らかの方法で高い価値《DHV》を示す。
引っかけ─女が脈ありサイン《IOI》を示す。
引き寄せ─キノをエスカレートさせる。
放流─女の手を放す。

エサ─女に従順度テストをする。
引っかけ─成功し、女が従う。
引き寄せ─キノをエスカレートさせる。
放流─女を突き放す。

エサ─女を審査する質問をする。
引っかけ─女は君の求める要件を満たしている。
引き寄せ─脈ありサイン《IOI》を与える。

放流―偽りの時間制限。
エサ―高い価値を示して《DHV》から、「おあずけ」。
引っかけ―女が君を追いかけてくる。例えば、会話を引き延ばそうとしてくるなど。
引き寄せ―女に「相性最高」だと伝える。
放流―女に脈なしサイン《IOD》を示す。

エサ―女にフープを出す。
引っかけ―女がフープをくぐる。
引き寄せ―ご褒美を与える。
放流―話をやめる。

エサ―女に従順度テストをする。
引っかけ―女が従う。
引き寄せ―女を褒める。
放流―からかいのネグ。

エサは「挑発」「審査《スクリーニング》」「従順度テスト」「おあずけ」「フープ」などがある。これらはただの例にすぎない。実際のエサは何でもいい。さりげないしぐさだとか、飛び込み《バウンス》のほのめかしだとか、彼女に君と親密になりたいかどうかを表明する機会を与えよう。実験や現場でテストをしてみて、使えるものを見つけてほしい。

君：君いくつ？
彼女：23歳だけど。あなたは？【引っかける】
君：【質問を無視する】手を伸ばして。
彼女：【従う――ぐるっと回転させる】
君：なんて優雅なんだ！　君、まじめにバレエを習ってたろ。
君：【手を伸ばし、女が手を伸ばしてくるのを待つ】
彼女：【手を君の手にのせる。引っかける！】
君：【関連のないセリフを話している間、キノテストをする】
彼女：【握り返してくる】
君：【話し続けてから、手を放す】

君：大人になったら何になりたい？
彼女：先生になりたい。私、×××大学で教育を学んでいるの。【引っかける！】
君：へえ、いい学校だね。おかしいな、君のこと、ほかの子たちと同じように見えていたけど、勘違いしてたらしい。君ならきっと子供たちとうまくやれるね。いつかすごくいいお母さんになるよ。残念ながら、全然俺のタイプではないんだけど。でもすごく素敵な子だから、今夜は誰かいい人を見つけてやらないとな。

君：【高い価値を示す《DHV》】
彼女：ところで、あなたの名前は？【脈ありサイン《IOI》】
君：【質問を無視する】君って直感的なタイプ？
彼女：ええ、そうよ。【引っかける！】
君：手を見せて。
彼女：【従う】
君：【指で彼女の手のひらをなでる】へえ、おもしろいな……。【手を放す】
彼女：待って、なになに？　あなた手相を見ることができるの？【追いかける】
君：【再び手をとる】この線見える？　これはバカ線。つまり、君はバカってこと。【女を抱きしめる】

社会的地位から見たターゲットのナンパに対する認識

最初にグループにアプローチしたとき、君はただのよくいる男でしかない。君にそれ以上の価値があると女が考える理由は何もない。女は、自分を貴重だと思っている。

▼

A1 アプローチ

女「ふーん、この男はきちんとした服装で、ちゃんと振る舞っているし、がっついていないし、おもしろい……」

▼

A2 女から男への関心

価値を示し、ほかの女たちが君に接触してから、ターゲットをネグする。彼女は脈ありサイン(IOI)を出しはじめるので、それを利用する。

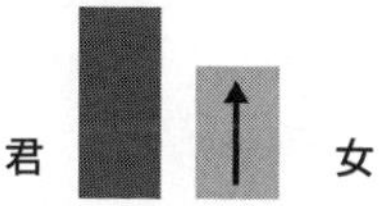

女は、君から愛情を得ようとして高い価値を示す(DHV)。君は断続的なIOI、従順テスト、フープで反応を返す。

▼

A3 男から女への関心

女は君へ関心を示し(A2)、君も彼女へ関心を示した(A3)ので、女はこの付き合いに投資し、君となごみを築こうとしているか、君がなごみを築くことを望んでいる。

▼

C1 会話

互いを大事に扱い、投資し、惹きつける力を持っている。2人きりになれるロケーションまで一緒に移動し、なごみを築く。女のなごみの水準に応じて、キノの調整を忘れないこと。

君：ところで、君のいちばんいいところを３つ教えてくれる？
彼女：ええと、誠実で、賢くて――。【引っかける！】
君：【さえぎるように】料理はできるの？
彼女：ええ、どんな料理でもできるわよ。【引っかける！】
君：【うなずいてほほ笑む】いいね！　最近は、インスタント食品を食べてる人ばっかりだから。俺はもう行かなきゃいけないんだけど、もしよかったら……。【次のルーティーンに進む】
君：【高《D》い価《H》値《V》を示してから、離れてボディシフトする】
彼女：ちょっと待って。その犬が何ですって？【引っかける！】
君：【後ろに寄りかかる】あのさ、君、すごくかわいいね……クラクラするよ！

まとめ

●Ａ３のフェーズでは、女が愛情を得ようとして動くようにおびき寄せる。彼女が付き合いに投資するたび、脈《I》ありサ《O》イ《I》ンを出してご褒美を与える。このサイクルを繰り返そう。
●**フレーム**とは「暗黙の了解」であり、内容に意味を与えるものだ。フレームを支配する者が場を支配する。

●**フレームが強力なものであれば、何をしても許される。**あらゆるつかみのセリフ《オープナー》、ルーティーンを自然と機能させられる。だが、**場の空気に「調和」したものでなければならない。**

●**欲しい答えは現場が与えてくれる。**現場に行き、直感に耳を傾けよう。調整力が次第に高まっていくだろう。

●女も男も、君にフレームゲームをしかけてきて、自分にふさわしい男かどうかをテストしてくる。女は強い男を求め、男は支配権を得るために争う。これらはほとんど無意識で直感的な行動だ。

●人々は、君がフープをくぐるかどうか確認するため、あらゆる種類のフープを出してくる。それをくぐってはいけない。君のフープをくぐらせるようにおびき寄せるのだ。

●あらゆるやりとりで支配権を奪い合うパワープレイかのような反応を見せたり、自分は賢くすべてを理解しているというような反応を見せてはいけない。そんなことをしたら、人々と自然に気持ちを通じ合わせる能力を失い、**ロボット**になってしまうだろう。プロセスをゆったりと楽しむこと。

●先に君のフープをくぐらせることができたら、次は遠慮なく女のフープをくぐっていい。

●フープであることが明白であるほど、人がそれをくぐる可能性は小さくなる。

●君が設定すべきフレームは、君が人間関係の中で最も価値がある人物である、というものだ。これはあからさまに伝えるのではなく、暗示しよう。

●覚えておこう。台本を使う場合、本当に重要なのはフレームだ。君の内に存在するフレームは、実践を重ねるごとに台本と調和してなじんでいく。

●どういう女と付き合いたいかという基準を持つこと。会話やたくさんのさりげないしぐさを通じて、その基準を君のフレームで伝える。
●**基準を示す**方法のひとつは、ある一定の質問によって、彼女を審査《スクリーニング》することだ。何を尋ねるかは状況を見て判断しよう。女の魅力スイッチを入れようとする戦術だと勘づかれないこと（基準は本物でなければいけない）。
●一貫してご褒美を与え続けるよりも、断続的にご褒美を与えるほうが効果的だ。ターゲットを刺激してご褒美を与える場合は、**冷静と情熱**《ホット・アンド・コールド》、**押しと引き**《プッシュ・プル》を駆使して、気まぐれに脈なしサイン《IOD》を出そう。
●キノの流れは、グループにアプローチしたときなどの極めて早い段階から発生させ、セックスに至るまでずっと自然に続けていこう。何事も絶対に一大事などではなく、いかなる「大変動」も存在しない。君たちが結ばれるときは、あくまでも自然にそうなったように見える。
●適切なタイミングでの「おあずけ」は、女が君を追いかけるように条件づけてくれる。
●ほとんどの人付き合いでは、ある時点で従順度テストが行われる。君は従ってもらえるだろうか、それとも抵抗されるだろうか？
●「いい」行動には脈ありサイン《IOI》で断続的にご褒美を与え、「悪い」行動には脈なしサイン《IOD》で罰することで、**従順を築いていこう**。セックスに到達するまでずっと従順度テストを続けていくこと。
●**従順の臨界点**とは、君に従うほうがより大きなメリットを受けられると女が認識した地点のこと。
●女のルックスを褒めてはいけない。ルックスについて言及するのも禁止。

●**「エサー引っかけー引き寄せー放流」**は、従順度テスト《コンプライアンス》、審査《スクリーニング》、「相性最高」など、A3のフェーズをどのように進めていくかを説明するのに最適な例えだ。

第8章　会話のテクニック

さて、この時点で構成に加えるべき要素がいくつかある。

君とターゲットはお互いに脈ありサイン《IOI》を示し合ってはいるが、知り合ってからまだたったの5〜10分。互いに関心を持っているのは、ただ単純に、魅力スイッチが入ったからでしかない。

より多くの投資をさせるように女をおびき寄せたいまこそ、2人でなごみと信頼を築き上げるときだ。**なごんだ空気の中でゲームを進めていこう。**それこそが実際に女をモノにするために必要なことであり、すべてはここに到達するためのものだった。

もしここまでに楽しく自然な会話をしてきていないなら、いましよう。でなければ近い将来、女が君に折り返し電話をかけようかどうしようかと悩んだとき、こんなふうに思うかもしれない。

「ああ、彼とは結局ドッグフードと犬のかわいさのことしか話さなかったな。深い話なんか全然しなかった。たしかにいちゃいちゃしたし、あっちがそれ以上を望んでいることも分かってるけど、そういえば、彼自身のことはほとんど知らない……。たしかにあのときは楽しかったけど、いまはなんだかモヤモヤするわ。男は何百万といるんだし、今夜も女友達と出かければ、きっとまた別の魅力的な男に出会えるわよね」

　これが多くの電話番号がつながらなくなる理由だ。なごみを十分に築けなかったのだ。重要なのは一体感《ラポール》を築き、さまざまな話題をとり上げて、楽しく自然な会話をすること。会話を振り返った彼女がそのときの楽しさを思い出して、もう一度話したいと思わせるようにしよう。

　また、この付き合いは「現実のもの」で「純粋」だという感覚を抱かせる必要もある。女が「いい人」を信用しないのは、これが理由となっていることが多いのだ。

　セックスしたいがために男がいい人ぶっていることを、女はどこで判断するのだろうか。たしかに夕食をおごってくれるし、かわいいと言ってくれるが、それは彼の本当の姿だろうか。あるいは、何かを求めてそうしているだけなのか……。

　一緒に散歩したり、たわいもないことをおしゃべりするなかで誠実さを示すことで、**信頼**が生まれ、**安全を感じさせられる**。女の言う「**飾らない男がいいの**」とは、そういう意味だ。「自分は**本当の彼**を理解している」と女に感じさせる必要があるのだ。ただし、それには時間がかかる。

　女にゲームをしかけたときは、まず刺激を与えて楽しませよう。きちんとやれば、その時点でだいたいの女を楽しませられる。ただし今後も継続してデートするつもりなら、投資させただけでは足りない。自分たちの間には本当のつながりがあると思わせよう。君が彼女の人生の一部になり得る人物なのだと本気で感じさせるのだ。

　さらに重要なのは、彼女自身もまた、君の人生の一部になれると感じさせることだ。女は、さまざまな面で自分と似た、「君たちって本当にお似合いのカップルだね！」と他人から言われるような良きパートナーを望んでいる。彼女の友人たちに気に入られ、社交の場で見せつけることができ、ともに理解し合い共感できる、そして彼女も加わることができる人間関係を持つ人物を望んでいる。

彼女が君のことを思い返したときに、「ある晩バーで飲んでいたときに何回か一緒に笑い合っただけの男」ではなく、「実在する男」として思い出させるのだ。

「締め出し《フリーズアウト》」は効果的

A1、A2、A3の「**惹きつけの段階**」では、女が君のボールを強打してくるようなら、君も彼女のボールを強打し返してもいい。だが、なごみを築く段階に達してもまだ攻撃してくるようなら、女に注目するのをやめて、ただ「**締め出し**《フリーズアウト》」するだけでいい。

女が「どうしちゃったの？」と言ってきたら、「何でもないよ」と答えよう（不機嫌になるのではない。何事もなかったかのように、誠実に言葉を発すること）。気まずい沈黙によって女を罰したあと、あちらが脈ありサイン《IOI》を送ってきたら、なごみを築く段階に戻ろう。

①君は惹きつける段階で彼女に反撃できることをすでに証明しており、
②君を攻撃すれば不快感を覚えさせられるため、攻撃してはいけないとすぐに学習する。

これは、惹きつける段階で君がうぬぼれたりふざけた態度だったからといって、いつでもそうだとはかぎらないと示す機会で、「締め出し《フリーズアウト》」は女をしつける方法だ。君に親切にすることがなごみと楽しみにつながると教え込むために、不快感をさりげなく利用しよう。なごみを築くべきときに、うぬぼれたりボールを打ち込み続けるのは逆効果。代わりに「罰とご褒美」を利用しよう。

ここは、気まずい状況をもう一度なごませられるという能力を示す機会でもある。ここで「鼻に何かついてるよ」と言ってティッシュペーパーを手渡すなどの**スナイパー《狙い撃ち》ネグ**ができれば最高だ。彼女はばつが悪い思いをするが、それは君の責任ではない。神の責任だ。すぐに彼女は自分が平凡でつまらない存在になったように感じるだろう。

君は「ひどい男」ではなく、あくまで「関心がない」ように振る舞い、彼女を締め出しているということに少しだけ気づかせたあと、従順度テストをして、脈ありサイン《IOI》でご褒美をあげよう。間違った行為にではなく、従順に対してのみご褒美を与え続けること。

なごみのロケーションに移動せよ

最初に出会った場所がなごみを築くのに好都合なロケーションであるとはかぎらない。なごみを築くためにたくさん会話をしたいのに音楽がうるさすぎるかもしれないし、混雑しているかもしれな

図18　なごみのロケーションは3つ

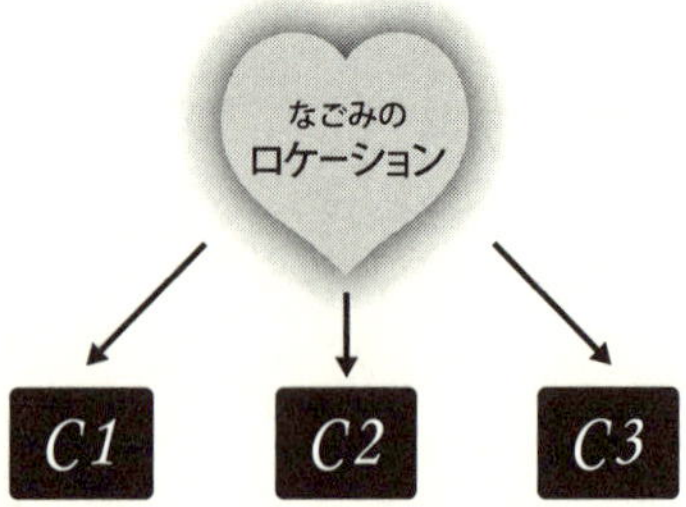

C1	出会いのロケーションの中にある、なごみのロケーション
C2	出会いのロケーションとセックスのロケーションから離れた、なごみのロケーション
C3	セックスのロケーションの中にある、なごみのロケーション

い。ターゲットの保護者づらをする友人や、今カレ、嫉妬に満ちた元カレ、家族がいる可能性もある。十分ななごみを築くために必要な7時間も不足しているかもしれない。

出会いのロケーションで一緒になごみを築くための時間がない、あるいは適切な環境でないなら、そこに近接した「なごみのロケーション」まで彼女を移動させよう。

なごみのロケーションは、静かで隔離された（依然として公共の場であることも多いが）環境がふさわしい。そこで君とターゲット、そして彼女の友人（君の友人であっても同様）はしばらく会話を楽しめる。

「なごみのロケーション」は3タイプ

「なごみのロケーション」には3タイプある。ミステリーメソッドではそれぞれC1、C2、C3と呼ぶ（**図18**）。

図19　ゲームのロケーション5つ

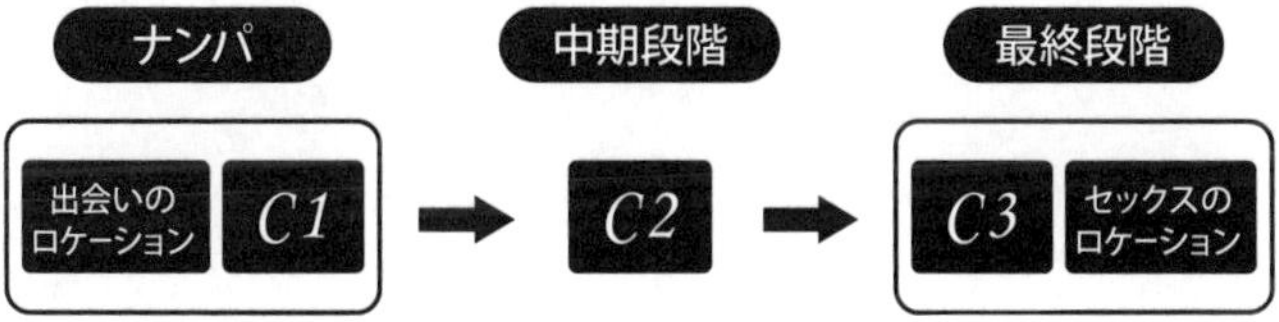

「ゲームのロケーション」は5タイプ

5つのロケーションとは「出会いのロケーション」「C1」「C2」「C3」「セックスのロケーション」だ。

C1はナンパ（アプローチ）の段階で、出会いのロケーションの中に存在し、C3は口説きの段階でセックスのロケーションの中に存在する。

図19を見てほしい。こういう設計構造になっているのには、次のような理由がある。

●出会いのロケーションからC1のロケーションまでは数メートルしか移動しないので、会ったばかりの女にとって安全性のリスクがかなり低い。

●女の視点で考えてみよう。「他人である君と知り合いになることへの投資」とすると、少しもなごみが築かれていないのにC2のロケーションに直接移動するよりは、距離的に近いC1のロケーションまで移動するほうが相対的に気楽だ。**比較的小さいフープなので、女がそちらをくぐる可能性は高くなる。**

●C1のロケーションに移動することによって、一緒にC2のロケーションまで移動できるレベルのなごみを築くチャンスが得られる。

●C2のロケーションで下心を持ってセックスのロケーションに連れていこうとしていることが露見するのに比べて、C3のロケーションからほんの数メートルしか離れていないセックスのロケーションへ移動するほうがはるかにいい。

出会いのロケーションからC1へ、C3からセックスのロケーションへ行くことを「**移動**《ムーブ》」と呼ぶ。C1からC2へ、C2から別のC2へ、C2からC3へ行くことを「**ジャンプ**」と呼ぶ。

C1（会話する）

すでに出会いのロケーションにある静かなスペースにいる場合を除いて、出会いのロケーションからC1のロケーションへの移動《ムーブ》は必須だ。出会いのロケーションでアプローチする前に、近くにC1のなごみのロケーションを選定しておき、そこに移動《ムーブ》する準備をしておこう。C1での例は次のとおり。

●君が壁かバーカウンターにもたれ、女が君のほうへ身を乗り出して向かい合っている。
●君はバーの椅子に座り、両脚の間に女が立っている。
●クラブかカフェの静かなスペースに座っている。

C1のロケーションに移動《ムーブ》する

移動《ムーブ》とは、ターゲット（また、必要なら彼女の友人）と一緒に、出会いのロケーションから比較的近いC1のロケーションへ行くことだ。移動《ムーブ》はスムーズに事を運ぶのに必要なだけでなく、それ自体が強力ななごみを築く。

例えば、慌ただしいクラブのバーカウンターの近くで美女に話しかけたとする。俺はこの出会いのロケーションでアプローチする前に、彼女を静かな喫煙スペース――つまり、適切なC1のロケーション――に移動《ムーブ》させるゲームプランをすでに頭に描いている。自分の帽子を彼女にかぶせて「マジですごいものを見せてあげるよ。少しだけ付き合って」と言う。

女は「どこに行くの？」と答えるので、「ちょっとしたとっておきの場所とでも言おうかな。見れば分かる」と、笑って喫煙スペースを指さす。「すぐそこだ」と数メートル歩いてその場を離れる。

彼女は「少しの間」であっても友人を置いていくことをためらうが、帽子を渡して「釘づけ」にしてあるのでついてくる。彼女はタバコを吸わないが、帽子を返すためには少なくとも数歩は動かなければならない。

手をつかんで人ごみを通り抜けて先導する間、好奇心に駆られた彼女は「何を見せてくれるの？」と尋ねてくるので、「君ってクリエイティブなタイプ？」と尋ね返し、好奇心を刺激し続ける。移動する間にも巧妙に関心テストをする。歩いている間に握った手をゆるめて、関心のレベルを測定する——彼女は俺の手をしっかりと握るだろうか、それとも放すだろうか。

「あれを見せる前に、君がどのくらいクリエイティブなのか確認しておきたい」と言って、メモ帳とペンを取り出して手渡す。喫煙スペースについたら一緒に座り、彼女の手を俺の膝の上に置いてから手を放す。彼女は手をそのままにするだろうか。これも新たなテストだ。

俺は何かに寄りかかって「ここのほうが静かだ。よし、まずは適当に10個の言葉を考えてリストにしてほしい。それぞれの言葉はまったく関連のないものにして」と話す。

出会いのロケーションからC1のロケーションへの移動《ムーブ》（この場合、彼女の友人から引き離して2人きりになること）に成功したので、かけくぎ法（ペグシステム）を利用して記憶力を見せつけ、あとでそれを教えてあげることによって、なごみを築き始める。

会話で一体感を築く

●話し好きな人間になろう。女だけでなく誰にでも話しかけよう。無我の境地に入り込むのだ。

●好印象を与えようとしているとか、すごさを見せつけようとしていると思われないように。自分に関する印象的な事柄をストレートに伝えない、他人からの注目や承認や理解も求めない。美女の頭の中を気にしまくる男はうっとうしがられる。不安を感じない男になろう。

●奇妙、不気味、くだらない話題を話すのはやめること。注目されたがっていると思われる。注目されるのは素晴らしいが、注目を集めようとしていると気づかれるのはよくない。どういう形にせよ、人々を怒らせたり、誇示したりしないこと。

●なごみを築くために、ターゲットを移動させて2人きりになろう。

●**弱さ**を見せ、**共通点**と**つながり**を確立しよう。

●使いまわしのセリフを練習しよう。役に立つスキルだ。

●使いまわしのセリフではない、自然な会話も練習しよう。

●さまざまな会話をしよう。

●キノを継続的にエスカレートさせていき、従順度テストをしよう。

●君の話題であっても彼女の話題であっても、退屈な話題は断ち切ろう。フレームをリードすること。

●楽しく、興味深く、説得力のある話題を話そう。

●質問しすぎないこと。質問は君の価値を高めるどころか、一体感《ラポール》を求めている印象を与える。「どこから来たの？」と尋ねるのではなく、推測しよう。女はなぜ「アーカンソー州だろ?」と思ったのか尋ねてくるだろう。推測の理由を伝えれば、合っていようと間違っていようと、彼女はクスクス笑う（女には会話に貢献し、投資してもらうこと。ただし、たくさん質問することによって会話を強制するのではなく、彼女が惹きつけられたことによって、自発的に投資させるようにするのだ。君は自分の価値を高めなければいけない）。

●彼女に喜んで同意すること。つねに正しくある必要はないし、あまり深刻に考えなくていい。彼女にフレームを強制しなければならないような場合を除いて、論争はやめよう。何かを論じるような事態になるのなら、おそらく物事の正否を気にしすぎだ。自分が何のためにここにいるのかを忘れないこと。

●「ラポール」は「退屈」とイコールではない。惹きつける段階で作り上げたときめきを水面下でつねに煮え立たせ続けること。もしできていないようなら、おそらく優先順位づけの誤り（②「中間」から始める）を犯したということだ。

●「接地《グラウンディング》」を実践しよう。これについては本章で取り上げる。

本当の話し好きになれ

話し好きになることは非常に重要だ。言うのは簡単だが、実際にそうなれるまでに数カ月間は実践が必要になるだろう。たくさんの話題を持ち、楽しく興味深い会話で彼女（あるいは彼女のグループ）

質問ゲーム

「『質問ゲーム』ってやったことある？　いくつかルールがあるんだけど……」

「ルール１。君が質問をする、次が俺、それから君、って交互に質問していく」

「ルール２。質問には正直に答えること。すべて偽りなく真実を言わなきゃダメだよ。パーティゲームの『真実か、挑戦か《トゥルース・オア・デア》』（イギリス版王様ゲームとも言われるパーティゲーム。メンバーの中からルーレットなどで１人が選ばれ、「真実」もしくは「挑戦」のどちらかを宣言し、「真実」の場合は答えにくい質問に対して真実を語り、「挑戦」の場合は難しい何かに挑戦しなければならない）みたいだけど、挑戦はなし。君はどうせ普通じゃないだろうけど、正直に言えよ」（このネグに注目）

「ルール３。自分が尋ねられたのと同じ質問はしちゃダメ」

「ルール４。知られたくないことを質問しなければいけない」

「ああ、それと……ルール５、君が最初に答えること」

　女は「それは不公平よ」と言うだろう。そこで「彼氏は何人いたの？」と尋ね、彼女がどれくらいの頻度でマスターベーションするのかを君に尋ねてくるまで、質問ゲームをエスカレートさせていこう。

　これは楽しいルーティーンだ。なごみを築くルーティーンだが、審査にも役立つ。質問ゲームの素晴らしい点はもう１つあって、長時間続けられるかもしれないことだ。C１のロケーションに移動《ムーブ》したら、最初にこのルーティーンを使おう。「秘密を教えて」という質問は楽しいものだ。

にたたみかけ、ユーモア、意見、情熱を見せて、キャラクターを伝えること。

セックスができるのは、話し好きな男だ。秘訣は、おしゃべりしたくなるような状況に身を置くこと。少しの間目を閉じて、過去に親密な瞬間を共有した女を思い返しながら、出会いからセックスまで至った経緯について思い出し、目の前の女に向かって話そう。そして相手が好意的な身振りや脈ありサイン《IOI》を示してきたら、出し抜けに「君、俺のことが気になるんだろ」と言う。

彼女のことについては話さず、質問もあまりしない。たくさん話してほしいとも思わない。彼女が会話に加わりたいならそれはいいことだが、そうでなければどうでもいい。これは自分の世界であり、彼女はその中にいるのだ。

会話はスムーズに事を運ぶツールだ

会話のメリットはもうひとつある。相手の意識を占有できることだ。

想像してみてほしい。友人と海岸までドライブしているとき、会話をしていると景色は飛ぶように過ぎ去っていって……ほら、もうそこは海岸だ！　まるでマジックのようだ。会話には、こういう麻酔のような効果がある。

ナンパもマジックのようにやろう。女は君と話していると、とても楽しく、心地よく、自然に感じられる。そして会話は流れ続けて……はい到着。彼女は君とセックスしている。まるでマジックみた

写真ルーティーン

準備：おもしろい状況にある自分の写真を撮ろう。例えば、楽しいことをしているアクティブなショット、トレーニング場所でサボっているショット、ロッククライミングをしているショット、男女の友人と一緒にパーティしているショット、ローラーブレードをしながら空中で浮いているショット、ハイキング中に見つけたクマのウンコなど。

いい写真は、高い価値に加えて君のアイデンティティを伝える手段にもなる。またリアリティを出すために、つまらなそうなカップルの写真や、ピンボケの写真も交ぜておこう。まるで今日現像したものをさっき受け取って、たまたまそれを持っていたかのように見せるため、現像用の封筒に入れておくこと。

やること：グループの中にいる間は、この封筒を釘づけにする小道具《ロックインプロップ》としてターゲットに使うと同時に、グループに対してより高い価値を示《DHV》すために使う。

封筒を開けられそうになったら、手をはらってでしゃばりだと言おう（「この子、いつもこうなの？」）。Ａ３とＣ１のフェーズでターゲットを直接惹きつけるタイミングだと思ったら、彼女に優しくすることにして、となりに座って写真を見てもいい。

それぞれの写真に関するストーリーを語ろう。このとき事前選択《プリセレクション》、社会的証明《ソーシャルプルーフ》、その他の高い価値を示《DHV》し、なごみを築き、楽しい会話で魅了し、会話に貢献させ、投資させる。

君の話が彼女自身のストーリーを思い出させるきっかけとなって、女も語り出すだろう。自然な会話を実践し、つねに戻るべき話題や、それぞれの写真に関するストーリーを準備しておこう。写真を使うのは、あらゆる恋愛術作戦の中でも最も強力で用途が多いものの１つだ。

いにね！

女の意識を占有し続けること。家に帰るまでの長く静かなドライブや、車に戻るまでの静かな散歩のように、何も邪魔が入らない状態で会話をして、流れをキープし続けよう。でないと、うまく事が運べないかもしれない。

気づかれずに共通点を見つけ出す

人は、自分と似た一面があると感じる人に惹きつけられる傾向にある。互いに共通点が多ければ多いほど、2人は**惹かれ合う運命**なのだと思って、彼女は自分の感情をますます正当化するだろう。

女は君のことを自分のリアルな日常生活に加えて思い描こうとする。たとえ2人がクラブで楽しんだことは事実だとしても、普段の生活から見れば、それは非日常的なサーカスのようなものでしかない。実生活で2人はうまくやっていけるだろうか。それぞれの友人同士のウマは合うだろうか。君は2人の共通点を示すことができるように、なごみを築く段階のうちに具体的な情報を引き出しておき、心構えをしておくこと。

注意してほしいのは、取り入ろうとして共通点を聞き出したがっているように見られると、必死になっていると思われてしまうことだ。そこに注意して共通点を見つけ出そう。例えば「ミュージックゲーム」のような方法がある。

ミュージックゲーム

君：俺はパール・ジャムが好きなんだ。90年代のバンドの中でも特に好きだね。「ガーデン」って曲知ってる？　あれを聴くと高校時代に好きだった子とうまくいったときのことを思い出すよ。……君の番だ。

彼女：いいわよ。私はレイ・チャールズが好きなの。昔から「我が心のジョージア」が大好き。彼の映画を観たことある？

君：ああ、実は先日の夜に観たばっかりだ。彼はこれまでに聞いた中でもいちばんの美声の持ち主だね。ちょっと感動したよ。レイ·チャールズか。君を過小評価してたみたいだ。音楽センスがいいね。俺の番か。ア・パーフェクト・サークルも好きだな。

彼女：私、トゥールが好きなの！　最初にＣＤを出したとき以来、ずっと夢中。

君：え、ウソだろ？　トゥールが好きなの？　いまどきトゥールが好きな女の子ってあまりいないよね。最後に出たアルバムを覚えてるよ。俺は……【ストーリーを伝える】。そんなわけで、その子とは二度と会うことはなかったけど、雨が降った日に彼女がくれた貝がらをいまでも持っているんだ。君の番だよ。

相手がバンドや曲に関して素晴らしい音楽センスを伝えてきたとしても、すべてを称賛する必要はない。ときどき「マジ？　あの曲は×××に比べればくだらないね」と言ってもいい。

次のようなパターンでいこう。彼女が回答したら脈ありサイン《IOI》を出す。回答しないなら脈なしサイン《IOD》を出す。いずれかのあとで高い価値《DHV》を示すストーリーを伝え、次に従順度テストの質問をして、質問ゲームに戻ろう。

このルーティーンは君とターゲットが2人きりのときか、2日目に君の車か家の中に彼女がいるとき、あるいは1人でいる女に使うオープナー《つかみのセリフ》として最適だ。

内輪意識を作り上げる

女とゲームしているところを想像してみてほしい。2人はいま、ダンスフロアにいる彼女の友人たちから少しだけ離れたソファに座っている。君は、ピザを食べるために少し離れたバーカウンターまで「飛び込み《バウンス》」することを提案する。

2人はこのソファで出会い、座って数分間話しただけだ。いまの彼女はまだ友人と一緒にいるのと同じ状態だが、2人でバーカウンターまで移動すれば、そこで一体感を覚えて、強力な心理的効果が生まれる。

飛び込み《バウンス》の詳細については次章で取り上げる。ここで注目してほしいのは、フレームを共有することだ。2人はいま一緒に何かをしている。君がこの旅を一緒に続けることを決断したから、いま2人は一緒にいるのだ。A3のフェーズをうまくこなしたとすれば、女はすでに君のフープをくぐっており、いま「自分たちは一緒にいる」というフレームが2人の間で強まっている。

このように現実を共有することを「内輪意識」という。例えば、友人でも家族でも、互いを**ニックネーム**で呼び、**内輪ネタ**を話していれば、彼らが「内輪」の人間であることは一目瞭然。当然、ニックネームや内輪ネタを使うことはターゲットとの内輪意識を強化するのに効果的だ。ただし、焦って内輪意識を作ろうとすると、注目されたくて必死だと思われるので注意しよう。

「殺人、結婚、セックス」ゲーム

女の腰を抱いて散歩しながら「よし。『殺人、結婚、セックス』ゲームをしよう」と言う。

「大勢の中から３人の男を指すから、どの男を殺して、どの男と結婚して、どの男とセックスするか俺に教えてくれ。それからその理由も」

これが終わったら今度は女の番だ。彼女に３人の女を選ばせて、一緒にその場を歩き続けよう。君はどの女を殺し、どの女と結婚し、どの女とセックスするだろうか。そしてその理由は何なのか伝えよう。

簡単に内輪意識を作り上げるには、ほかの人々がいるところで、ターゲットと秘密を共有するようなゲームをするといい。例えば女たちは人間観察が大好きなので、「殺人、結婚、セックス」ゲームをやってみよう。女友達《ピボット》を立ち寄らせて、君たちはいいカップルだと言わせるのも効果的だ。

弱さを共有する

弱さを共有すると、その弱さが感情のつながりを築く。だが焦るあまり、早すぎる段階で弱さを見せてしまうと、一体感《ラポール》を築くために注目を集めようと必死になっていると見なされて、低い価値《DLV》を示すことになる。出会ったばかりのときに神経質すぎる人間だと思われるのはよくないが、適切なタイミングで弱さを共有することで強力ななごみを築ける。

女は何か自分の個人的なことや秘密を君に伝えてきただろうか。**質問ゲーム**はそういったことを共有したいときに役立つ。また、偶然に弱さが見えてしまったように構成することもできる。

テスト済みの「弱みのストーリー」の例をいくつか挙げよう。

●ばつの悪いストーリー（女性誌の読者投稿コーナーはセリフの宝庫だ）。
●ファーストキスの経験談（子供時代を振り返ろう）。
●ペットを世話するにはあまりにも幼く、ペットを死なせてしまったときのこと。
●幼い姪が階段から落ちたときのこと。「その日、もしそれ以上悪いことが起きていたら、俺はどうなっていたか……。その子のことをとても大事に思っているんだ」
●父親が死んで、自分が心を閉ざしてしまったときのこと。

子供時代のことを彼女に話そう。最近出会ったかわいい赤ちゃんのことや、その子と幼いころの妹がいかに重なって見えるか語ろう。自分の抱いていた不安をさらけ出し、それを克服した経緯を伝え、自分の秘密を教えてあげよう。彼女も自身の秘密を君と共有しようとする可能性が高まる。ただし、元カノについての愚痴や、悲しい気持ちにさせるような話はよくない。彼女を悲しませるのではなく、もっとハッピーな話題をいろいろ提供しよう。

人は、弱さを見せたくないという思いから魅力に欠ける行動をしてしまいがちだ。それを解決するカギは、自らの弱さを受け入れ、かつ大したことないという態度で振る舞うこと。間違えたっていいし、時には弱い自分を笑ってもいい。かつての過ちを彼女に知られることがそんなに気がかりだろうか。だとすれば、彼女の考えていることが一大関心事なのかもしれない——もちろん、君はそんなことを気にする男ではないはずだが。

「素手でライオンと戦った」などと武勇伝を語るときには、タフガイぶるよりも、びびってどうしようもなかったと認めるほうが、魅力的で興味深い人間に見えるものだ。

いずれにしても、女と付き合うことになれば、遅かれ早かれ君の弱さについては知られてしまう。なぜセックスが終わるまで隠そうとするのだろうか。セックスの前に——場合によってはなごみを築く段階で——弱さを明らかにすることに何の問題もない。

アメとムチを使いこなせ

第一に、女が君から注目されたがっているとき以外に「締め出し《フリーズアウト》」はできない。君に関心がない女への「おあずけ」は、まったく「おあずけ」にはならないからだ。彼女が君に価値を感じている場合にのみ機能する。

女が否定的なことを言ってきたり、してきたりする場合には、注目をやめて寂しさを感じさせよう。すると女は不快になり、君に話しかけるほうがいいと理解する。これが「締め出し《フリーズアウト》」が機能する理由だ。

グループへのアプローチ段階など、始めのほうで女が従順でないなら、意地悪してフレームを支配しよう。ただしC1のフェーズに入ったら彼女をやり込めたりしない。脈なしサイン《IOD》を出そう。少しの間、話しかけるのをやめ、向きを変え、身振りをあからさまに変えるだけだ。あまり時間はかからない。女はそういうことに対して非常に敏感なので、怒ったりせず、ただ関心を失ったことを伝えるだけで十分だ。

　このように「罰」とは、犬の訓練のようなはっきりとしたしつけだ。私的な理由ではないし、怒っているわけでもない。ただ自分には仕事もあるし生活もあるから、いつも彼女に注目する価値があるわけではないといった感じで、少しの間背を向けて関心を失ったことを示し、感情のかすかな気配を伝えるのだ。

　犬が人に飛びかからないようしつけるとき、鼻っつらをたたいてはいけないという。それは怒りを表すとともに、犬は君の怒りとその行動を関連づけられないことが多いからだ。「怒り＝鼻っつらをたたく」という方程式は忘れよう。その代わり、硬貨をたくさんビンに入れて、犬が飛びかかってくるたびにビンを振る。こうすると犬はおびえるようになる。そして時間がたつにつれて、犬は「君が」それをしているのだと理解する。

　だがそれだけでは、たしかに犬は飛びかかってこなくなるが、近づいてこようともしなくなる。犬は「悪い行い」に対してではなく、「君」に対して不愉快な感情を覚えるようになるからだ。

　そのためにドッグトレーナーはこのような解決策を考えた。悪い行いをたしなめたあとに、何か正しい行動をするための課題を犬に与える。例えば、ビンを振った直後に「おすわり」と言って自分に従うチャンスをあげて、服従には愛と好意で報いてやる――「いい子」「よしよし」。ただ罰するだけでは「罰する人物」だと見なされてしまう。従わせ、愛されたいのであれば、ご褒美もあげることが重要だ。

人間も同じ。不快なことに対して女を非難するだけではムカつかせ、その後電話を無視されるだけだ。そうではなく、女の無礼をたしなめたら、すぐに簡単なフープをくぐらせる機会を作って、ご褒美をあげればいい。ご褒美の言い方は「立派だ！」「すごいな。賢いよ。いい子だ」「分かったよ、君の勝ちだ」など。

「嫉妬の筋書き」を盛り込む

女にとって、「性的な興奮」は「嫉妬」に比べるとそれほど強力な動機にはならない。もしクラブで女を選ぶとしたら、「欲求不満で、友人と一緒にいる女」と「欲求不満ではないが、めちゃくちゃ嫉妬深い女」のどちらがベターだろうか。

クラブではつねに**嫉妬深い女**を選ぶこと。なぜなら、そういう女は自分がどれだけ君に惹きつけられているかすぐに意識するからだ。欲求不満の女を選ぶべき場合もあるが、それは**セックスのロケーション**に女が1人でいるときのみである。

女は、男の潜在的価値に触れられなくなるという予想外の感覚を経験するまで、自身の脳がその男の価値をどれほど高く判断していたのかに気づかない。

想像してみてほしい。いま、なごみを築く段階のＣ１のフェーズにおり、まだ彼女を口説いてはいないが、くつろいで一緒に笑い合っているとしよう。そのとき、別の女がやってきて君のひざの上に座った。それなら、君がこの2人をお互いに紹介してやれば、もう一丁上がりだ。感情が芽生え、ターゲットは「私は本当にこの男のことが好きなのだ」と気づく。たったいま、この瞬間まで自覚していなかっただけだったのだ。

「嫉妬の筋書き《プロット》」は意識的にゲームに盛り込むようにしてほしい。ネグは君とターゲットの間に嫉妬の筋書き《プロット》を盛り込むための手段と言ってもいい。原則として、まったく同じリスクとご褒美がある場合、新たな投資をするよりも、すでに投資した分を維持することのほうに一生懸命になるのが人間だ。簡単に言えば、**「喪失の不安」は「獲得の期待」よりも強力な動機づけになる。**

君が**ほかの女ではなく「彼女」を選ぶとき**が、まさにその瞬間だ。ほかの女たちから立ち去ろうとする意思表示（女はしょっちゅう男たちにしている）は、君にとっては高い価値《DHV》を示すことであり、彼女にとっては別の女に勝利する瞬間だ。彼女はそれを受け入れて、満足する。投資し、喪失の不安を経験し、そしていま、君という賞品を手にしたのだ。

まるで目的のためには手段を選ばない冷酷な男のやることだと思っただろうか。そのとおり、嫉妬の筋書き《プロット》は極めて効果的だ。そして、女は男に対して年がら年中この手を使ってくるということもお忘れなく。

このテクニックの使い方はもう1つある。ターゲットが追いかけようとしてこないときは、違うグループに加わって別の女を引き込もう。新たな女を好きになって最初の女はどうでもよくなるかもしれないし、新たな女を駒《ポーン》として利用すれば、最初の女を嫉妬させて君の価値を再認識させることもできる。さらに選択肢を増やすために、2つのグループを合併してもいい。

高い価値を示すことは、女を口説く秘密のカギだ。自分にはほかにも女がいること、それが口だけではないことを証明するために、実際に女連れでいる以上に説得力のあることはない。

考えてみればすぐ分かることだ。「俺を好きな女はほかにもたくさんいる」と口で言うのと、実際に腕に2人の女を抱いているのとではどちらがより強力か。「自分は冒険が好きなんだ」と口で言うのと、君が崖からぶら下がっている写真を見せるのとではどちらに説得力があるだろうか。

嫉妬を生み出すデモンストレーション

- ●女の相棒《ウィング》か、君の意図を理解してくれている女友達《ピボット》を呼んでおく。
- ●クラブにいる間に駒《ポーン》を用意する。

ターゲットをグループから引き離して2人きりになったときに、短時間「おあずけ」をするときに俺がやる例を挙げよう。

ターゲットに釘づけにする小道具《ロックインプロップ》を使って（俺はよくカウボーイハットを使う）、以前ひっかけておいたグループのところへ戻って違う女を見つけ、「あそこで友人（ターゲット）と座っているから、君を紹介させてほしい」と言う。

この女友達《ピボット》と一緒にターゲットのところへ戻り、この「女友達」を俺の膝の上に座らせる。もとのグループを現在のグループに合併させることになるが、2つのグループをすべて一緒にして1つのグループを作るわけではなく、メンバーを一部引き抜くだけなので、グループは2つのままだ。

俺が呼び寄せた女友達《ピボット》から見れば、自分を俺の「友人」に紹介されることはマナー的に正しいし、なごみも築く。この「友人」が魅力的な女であれば社会的証明《ソーシャルプルーフ》にも役立つし、ターゲットの前で女友達とスキンシップ《キノ》すれば、女友達も気分がいいだろう。

ここで釘づけにする小道具《ロックインプロップ》のカウボーイハットをかぶっているターゲットは壁にぶつかる。完全に予想外だった「**嫉妬**」という名の壁だ。彼女が嫉妬を感じたこの瞬間こそ、君に惹きつけられていることを自覚し、ほかの女を打ち負かして君を手に入れたくなるタイミングなのだ。

もとのグループで駒《ポーン》が用意できなければ、「俺、あの子が好きなんだ。君、俺のためにあの子を嫉妬させてくれないか？」と伝えて、女に協力を求める。これも現場で役立つツールだ。

すでに女友達《ピボット》がいるなら、自分を見つけたら2分間膝の上に座ってもらうよう伝えておくか、別のグループとゲームをして、そのグループの女と2人きりになったときに、「あそこに友達がいるんだ。君を紹介させて」と言おう。

「嫉妬の筋書き」を仕立てる方法

- ピボットを見つける。
- 君のサポートをしてくれるように、女に協力を依頼する。
- もとのグループと合併（後方合併）をする。真のターゲットを、もとのグループのターゲットに紹介する。
- 新たなグループにアプローチ（前方合併）し、ターゲットを一緒に連れていく。

10点満点の女を手に入れたいなら、グループ合併のテクニックでもう一歩先の**アドバンスト・グループセオリー**を実践しよう。10点満点の女をターゲットにして嫉妬の筋書きを実行した俺は、ますます簡単に、多くの成果を収められるようになった。C1やC2でターゲットを嫉妬させれば、君を欲しがらせることができる。

実際に見せることは言葉によるほのめかしよりもつねに効果的だが、「言葉」が嫉妬させる戦術に役立つこともある。

例えば電話中に「ちょっと待って、割り込み電話がかかってきた」と3、4回言われたら、腹が立つ反面、人気のある人なのだと思われる。これは実際、俺も女たちからよくやられたが、めちゃくちゃ効き目があった。

また実際に彼女がいようがいまいが、「俺の彼女が……」とか「君とイチャついてるのを俺の彼女が見たらあまりいい顔はしないだろうね」などと、彼女持ちであることをほのめかす。そんなことをして関係が壊れるかもなどと心配しなくていい。そのうち女が「あなたには彼女がいると思ってた」と言ってきたら、「ああ、俺に興味があるんだ。やっぱりね。そのことで君が嫉妬するだろうとは思ったんだけど」と返せばいい。

嫉妬させたことで君の価値と魅力は増すが、彼女は自分の感情を隠し、すぐには脈ありサイン《IOI》を出してこないかもしれない。女のところに戻ったら冷たくあしらわれることもある。それは適正テストともいえるし、女のプライドの表れともいえる。君がやるべきことは、脈ありサイン《IOI》を示すこと。そうすれば受け入れられるだろう……というよりも、彼女は受け入れざるを得ない。いまとなっては、本当に君のことが好きだという自覚があるからだ。

接地《グラウンディング》する

ターゲットから「あなたは何をしている人なの？」と尋ねられたら、グループにとけこめたと感じられるはずだ。

そこで「学生だよ」「システム管理の仕事をしてる」と、正直だがつまらない回答をしたり、「お尻のモデルなんだ」などとふざけて質問をかわそうとする人もいる。冗談めかした回答をすれば笑わせられるかもしれないが、すぐにまた同じことを尋ねられるだろう。君には何か隠したいことでもあるのだろうか。

問題は、魅力的な**アイデンティティ**がないか、持っていたとしても強力なアイデンティティではないということだ。「俺はロックスターだ」「プロモーターだ」「講演家だ」と実験的に言ってみる男もいるが、ウソをついていることはすぐに女にバレるし（「女優《アクトレス》」じゃなくて「ウエイトレス」だろうなと君が思うのと同じだ）、もしそれを信じたとしても、逆に今度は及び腰になって、君を「そういう人」という型にはめようとしてくるだろう。

例えば、俺はマジシャンだ。そこに彼女とどういう関わりを見いだせるだろうか――つまり、彼女の質問に「俺はマジシャンだ」と答える代わりに、俺の現在のアイデンティティをどうにかして彼女の現実に**接地《グラウンディング》**させ、自分のキャラクターをより豊かに伝えるチャンスとして利用するのだ。

俺がやる方法をいくつか挙げよう。

● 「俺は小さいころ、×××になりたかったんだ」（子供時代の回想。将来の夢や希望に関するストーリーを伝える）
● 「俺が10代のころ……」（子供時代から次の時代へと自分がどう移行したかというストーリー）
● 「俺はマジシャンなんだ。信じる?」（俺がいまどこにいるのか、次は何に取り組むつもりか話す）

9点の女の現実に俺のアイデンティティを接地《グラウンディング》させるために、最近使った例を挙げよう。女を惹きつけ、なごみを築いて俺のもとへ戻ってこさせるのに役立った。

「俺が何をしているかって? うーん、小さいころは腹話術師になりたくて、そのあとはマジシャン

を目指してた」【これについては、ほんの少しだけ話す】

「少し大きくなってからは……」

●俺の誕生日パーティでやった初めてのマジックショーについて、またデヴィッド・カッパーフィールドのショーを見るためにどのぐらい金を使ったかというストーリーを話す（5分間のストーリー）。

●大観衆にどう震え上がり、どうまごついて、それからうまくいったかというストーリーを話す。その不安にすっかりのめり込んで語る（3分間のストーリー）。

●初めてテレビ出演をしたことについて話す（2分間のストーリー）。

●ラスベガスに引っ越したことや、その理由について話す。これはなごみを築く段階の「弱さのルーティーン」だ（3分間のストーリー）。

俺がやったのは「何だそりゃ？」というような経験（What's The Fuck／WTF）について話すこと。秘密のインターネットショー、リアリティ番組の出演予定、執筆中の本、ソーシャルダイナミクスや金儲け、主催するセミナーなどさまざまな話題について話した（5分間のストーリー）。またマジックショーのコンセプトや宣伝など、計画中のことについても話した（5分間のストーリー）。

これだけで23分以上のストーリーを話すことになり、マジックを演じたりしなくても、美女の足をその場に長時間留めておけた。

俺にとってマジックが役立つのは実際に俺がマジシャンだからであって、ミステリーメソッドをうまく使うためにマジックを真似する必要はない。俺の弟子たちはマジックなどやらないが、メソッドをきちんと守り、オリジナリティのあるキャラクターが伝わるセリフで惹きつけてうまくやっている。

ターゲットにただ「俺はマジシャンなんだ」と伝えるだけでは、2人に共通点があり、ライフスタイルを共有しているとは感じさせられないだろう。彼女は俺のことを「マジシャン」というステレオタイプに当てはめざるを得なくなるし、謙虚な人物にも見えない。自分とこの男はあまりにも違う世界にいると感じるか、俺がすごすぎる人間のように見えてしまう。

例えば相手がジョージ・クルーニーであっても、彼のライフスタイルがよく分からない状態でデートに誘われれば断る女もいる。共通点がなく、不釣り合いな感じが不快な気分を生むからだ。しかし、そこに至るまでの生い立ちと、何が起こったかを段階的に伝えていれば違うだろう。

これが**接地**《グラウンディング》の概念だ。生い立ちを伝えることによって、俺自身を彼女の現実（「俺がただの一般人だったとき……」）に接地《グラウンディング》させれば、彼女もこれから同じような決断をするだけで、いまの俺のような人物（「これが現在の俺だ」）になれるかもしれないと思わせることができる。

このフォーマットに慣れさせることによって、A２でターゲットに自分の生い立ちを語らせることもできる。「おっと、ゆっくり話して。それで次に何が起きたの?」と尋ねるだけ。出自を語るストーリーの中では「いまの自分になるように導いてくれたものはこれだ」というテーマが繰り返されることに気づいてほしい。

自分のアイデンティティが何であるかを一度決めたら、その時点でそれらしい語り方をするようにしよう。

ミステリーメソッドを実行するために、マジシャンという俺のアイデンティティをパクれとか、俺が誕生日パーティでやったマジックショーの物語を話せという意味ではない(実際に君がやったのならそれでもいいが)。ウソはいけない。クラスメイトをうまくだました経験からトランプマジックの秘訣を学んだことだとか、数年後にテレビで君を見たクラスメイトが「あのときのことが君の将来を決めたなんて信じられないよ」と言ってきた、というようなことを話せというのではない。

ほかの誰かが俺のセリフを使うことはできないが、自分自身の日常や経験に基づいたセリフを俺のように使うことはできる。ミステリーメソッドとはフォーマットやゲームプランのことであり、個人のスタイルとは、そのフォーマットを埋めるためのオリジナルなセリフこそが作り上げるものだ。

「俺は何者だ?」と質問したら、人は何と答えるだろうか。俺の友人はかつて「君とは、君が繰り返し行うものだ」と言った。これはおそらくいままで聞いた中でいちばんいい答えだと思う。

俺は定期的にマジックをする。時には美女のために、あるいは他人のために、ほぼ毎日マジックを披露している。顔の広い男になるということ以外に、君が定期的にやっていることは何だろうか。覚えておこう。ナンパ術とは人生を豊かにするものであって、それに定義はない。現在の君を作り上げてきたストーリーはいったいどんなものだろうか。

自分自身について語る方法はいろいろある。Ａ２とＡ３のフェーズではそれぞれ内容を変えてなごみを築いていくが、基本的な構造は変わらない。またルーティーンを選んで作り上げ、どのルーティーンをいつ使うのか順序づけして、人生の課題に対する対処法の伝え方も変更していくことになるだろう。

ゲームのやり方を改善するために、いまやらなければならないことは次のとおり。

●自分が繰り返しやっていることを見つめ直し、自分が何者なのかをひと言かふた言で説明できるようにする（例えば、マジシャン、作家、おもちゃ発明家、ＣＥＯ、コンピューターハッカー、ロッククライマー、ラッパー、講演家、旅行家……何かあるだろう）。君は夢を追っているだろうか。失敗することもなく、何かを成しとげられるはずがない。さあ、まず踏み出すことから始めよう。

●どこにでもいる子供だったあのころから、繰り返しあることをやるようになった現在まで、どのようにしてここまで至ったのかを伝えるストーリーをいくつか作る。

●他人にストーリーを語る練習をしよう。熱く語り、自然に思われるようにすること。女は話を聞いて、まるで君と一緒に旅でもしているように感じるはずだ。

接地《グラウンディング》するまでの間に「ところで10代のころの君はどんなだった？」と尋ねてみるのもいいだろう。これは女の心を開き、付き合いに投資させるのに効果的な方法だ。

アプローチの段階でこうして一体感《ラポール》を築こうとすると注目されたくて必死だと思われるし、関心があるのもバレバレになるが、お互いに脈ありサイン《IOI》を出している段階であれば、こういう質問をさりげなく使うことで、2人の間にさらに強いつながりを築くのに役立つ。

まとめ

●**なごやかな空気の中でゲームをすること**。さまざまな話題で一体感《ラポール》をはぐくみ、なごみと信頼の感覚、付き合いが現実のもので純粋であるという感覚、つながっているという思いを生み出そう。

●A3の要素と、**なごみ**のレベルを**無視**すると、翌日電話をかけても出てもらえなかったり、あいまいな反応をされたりする。ナンパ初心者の男は適当な番号を教えられたり、すぐに着信拒否されたりする。

●ありのままの飾らない姿を見せれば、女との間に**信頼が生まれ**て、安全を感じさせることができる。見栄を張ったり、不機嫌になったり、対立的な態度をとらないこと。楽しい雰囲気をキープし続け、**何が起きても一大事ではない**ことを忘れずに。

●「**締め出し**《フリーズアウト》」とは、不快感を生み出すために意図的に脈なしサイン《IOD》を利用すること（彼女の悪い行いを**しつける**手段）。「締め出し《フリーズアウト》」は誠実に見えるし、故意にやっていることだとは気づかれない。罰しようとしていることに気づかせず、むしろ彼女の行動のせいで少し関心が薄れてしまったと思わせる。女には、一時的に自分の惹きつける力や、自分がこの男にふさわしい女だという感覚が失われたように感じさせる。

●**なごみのロケーション**とは、静かで隔離された環境のこと。君とターゲット、友人たちでしばらく会話ができる場所。

●C1のロケーションとは、出会いのロケーションの中にある静かな場所のこと。C2のロケーションとは、飛び込み《バウンス》か時間の橋《タイムブリッジ》によって移動した場所のこと。C3のロケーションはセックスのロケーションの中にある。

●話し好きになり、身につけた会話スキルを絶えず実践すること。

●ターゲットを出会いのロケーションからC1のロケーションへと「**移動**《ムーブ》」させよう。

●喜んで同意し、たくさん質問せず、他人からの注目や承認や理解を求めないこと（**他人から影響を受けないこと**）。

●奇妙、気持ち悪い、くだらない話題は避けよう。楽しく、興味深く、感情的に説得力がある状態をキープしよう（**価値を高める**）。

●「**話す**」ことは、女の意識を占有し、面倒が起こらないようにするための強力なツールだ。女にいやな顔をされたり、「軽い女じゃないアピール《ASD》」を発動させないためのものでもある。

●**共通点**を持つことは、なごみや一体感《ラポール》を築き、これから一緒に過ごす想像を膨らませるのに役立つ。共通点を探りだそうとしていると思われると低い価値《DLV》を示すことになるので注意。2人は惹かれ合う**運命**なのだと思わせよう。

●**内輪意識**とは、2人の間で**共有しているフレーム**であり、**内輪ネタ**、**ニックネーム**などによる関係の強化を特徴とし、A3のプロセスから自然と生まれる。ここで「自分はこの男にふさわしい」と女に思わせるように仕向けるのは、君のフレームに服従するように女をおびき寄せるためだ。

●**弱さ**は魅力であり、なごみを築く。弱さを隠そうとするのではなく、さらけ出して自分自身を笑い飛ばそう。そうすることがかえって自信を示す。

●彼女を「締め出し《フリーズアウト》」で**罰して**から、従順度テストをする。合格したら**ご褒美**をあげよう。

●**嫉妬**は極めて強力な動機づけになる。嫉妬を感じたときが、「この男が欲しい」と女が認識する最初の瞬間であることがよくある。君が最終的に彼女を選んだ場合、通常よりもはるかに**ドラマティック**な状況を経験させたことになる。

●自分自身のことを語るとき、親密さではなく、自分とは違う世界の人なのだと女に感じさせてしまうことがある。ただし「**接地**《グラウンディング》」のルーティーンを利用すれば、ストーリーを通じて自分の人生に彼女を寄り添わせ、現在地まで連れてくることができる。君の人生に彼女を関わらせ、あたかも2人が一緒にその場にいたかのように共感させよう。

●自分が繰り返し行っていることは何なのかを把握すること。夢を追求しよう。彼女の現実に君のアイデンティティを接地《グラウンディング》させるため、どのようにしていまの自分になったのか、そして次に何をするつもりなのかを語ろう。

第９章　セックスへ向けた総仕上げ――中盤戦・終盤戦

Ｃ２（つながりを築く）のフェーズのポイントは、この男と自分は親しいのだと女に感じさせること。それはルーティーンのようなテクニックよりもむしろ、「**空間の共有**」が関係してくる。例えば女をショッピングモールに連れていくとか、君が新聞を読みふける時間に女も付き合わせるなどだ。

女と心地よいなごみを築いてセックスをするには４～10時間かかる。平均７時間の子守をすることになるが、時間を稼ぐだけでいい。時が来れば、２人きりになってスキンシップ《キノ》をエスカレートさせられる。

中盤戦は、キスをし、飛び込み《バウンス》と時間の橋《ブリッジ》を通じて自然にリードし、電話で話をする実践の機会だ。なごやかないい雰囲気を保つこと。記録してみれば、出会いからセックスに至るまでおよそ４～10時間（平均７時間前後）かかることが分かるだろう。俺は必勝パターンを模索するうちにこの**７時間ルール**を発見した（**図20**）。多くの恋愛術家の実体験や報告から（当たり前だが**フールズメイト**の例は除く）、ルールの正しさはおおむね確認済みだ。

７時間を共有するためには数日から数週間かかることがあるが、焦って口説いてしまうと、惹きつ

図20　7時間ルール

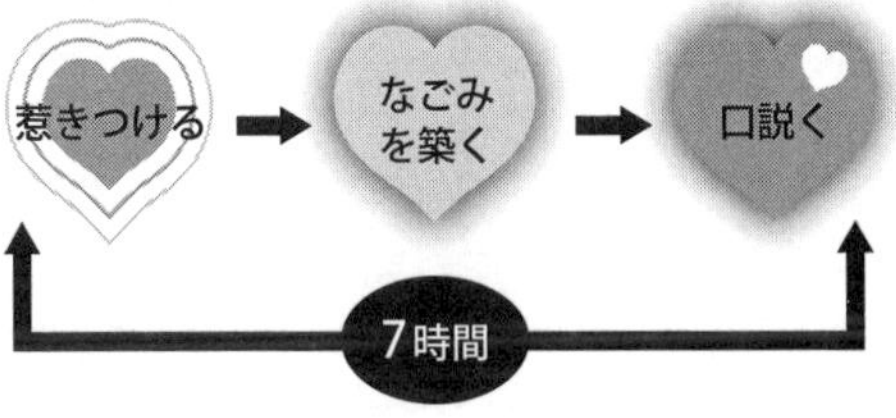

ける力も消滅するほど女を不愉快にさせる危険性がある。

かなりウマが合えば1週間以内、時にはわずか数日以内に性的な関係に発展できることも分かった。しかしそれは女を口説く前に、平均4～10時間をかけてなごみを築いておいた場合だけだ。

俺にとっていままでいちばん思い出深い付き合い（そのうち1つは3年半続いた）を思い起こすと、出会ってから数日以内にセックスに至ったことが多い。このときも、口説く前の累積時間は平均7時間前後だった。

次ページの**図21**は、最近やったナンパの代表的な事例だ。口説き始めたときに女が心地よく感じられるように、2人でいる時間のほとんどをなごみを築く（中盤戦）ために注ぎ込む。

なごみのキス

キノとキスはなごみを築くものであり、口説くためのものではない。

●十分ななごみを築かないままでも口説きに成功してセックスに持ち込めたら、まるで自分が凄腕のPUAになったかのように

図 21　7時間の記録

日数	時間	段　階	ロケーション	ハイライト
1	1:30	惹きつける なごみを築く	パブ	キスして電話番号を 交換する
3	0:05	なごみを築く	電話	ホットアップルサイダー を飲もうと誘う
4	0:10	なごみを築く	男の家	短時間滞在し、 立ち去る
4	1:15	なごみを築く	カフェ	話して手を握る
4	0:45	なごみを築く	男の家	ビデをを見て、キスをして、 ショッピングモールへ誘う
7	0:15	なごみを築く	彼女の車	ショッピングモールに出かけるために 車で迎えに来てもらう
7	3:00	なごみを築く	ショッピング モール	ショッピングモールで会い、 1本のストローで飲む
7	0:25	口説く	男の家	入浴してセックス

合計＝ 7日間で累積時間　7時間25分

感じるだろうが、①フールズメイトが裏目に出て、②翌日、女に「衝動買いの後悔《バイヤーズ・リモース》」をさせた場合、二度と彼女とはベッドインできない。

●キスするべき瞬間を判断するためには、現場で直感を鍛えること。経験則から言えば、女が脈ありサイン《IOI》を3つ出すまでキスしようとしてはいけない。脈ありサイン《IOI》は、君に触れてくる、君のジョークを笑う、君が会話を中断したときに女が再開しようとするなど。

●君はこれからたくさんのグループで試行錯誤することだろう。本書に書いた「キス戦術」も同じだけ、意識的にたくさん実行すること。経験を積むほど人の心を読み取るスキルが

ミステリーのキス戦術

「しーっ。しゃべりすぎ。キスでもしたいの？」と言ってみる。

　女が「イエス」と言えば、彼女にキスする。

　女が「そうかもね」「なんで？」「どういう意味？」「分かんない」と言ったら、彼女はそのつもりだが、恥ずかしがっているという意味だ。「試してみよう」と目を輝かせて答え、キスする。真剣であることを示すために女の首の後ろを愛撫してもいい。90/10ルールに従おう（君が道のりの90%を進み、女は君にキスするために道のりの10%を進まなければいけないというルール）。

「ノー」と言われたら「しようなんて言ってないよ、バカだな。何か考えごとしてるみたいだったから」と答える（自尊心の低さを示すことになるので「なんでダメなの？」と尋ねてはいけない）。

　覚えておこう。「まだダメ」とか「ここではいや」と言われたら、彼女はキスしてもいいと思っているが、場所などの問題がある（彼女の友人が近くにいるなど）ということだ。「分かった」と伝えて、あとで２人きりになったときに必ずキスできる。


磨かれていく。
●女に出会ってから20分以内に、なごみを築くキスをして、２人きりになろう。すべてのグループのすべての女とキスしろとは言わないが、そうできる能力は持っているべきだ。
●人間に生まれつき備わる感情に働きかけよう。タイミングをコントロールして、女のために演出をしよう。俺たちは頭でものを考えすぎるきらいがある。「しーっ」と言って鼻を近づけて、耳元で匂いを吸って、彼女の匂いがどれほどいいのかをささやく。「キスしたい」と言って会話を中断する。女が再び話しはじめたら「しーっ……（**キスする**）」「キスして」「しゃべりすぎ。キスがしたいの？」

「首を噛まれるのは好き？……なんでって？　俺が君の首を噛みたいから」「首を噛んでもいい？」とさえぎる。「なぜ？」と言われたら、女はそれを望んでいるという意味だ。「ダメ」と言われた場合にかぎって、首を噛んではいけない。脈なしサイン《IOD》を出し、高い価値《DHV》を示してから作戦を繰り返そう。

あらゆる偶発的な出来事に備えて実践しておくこと。

さて、先ほど挙げたようなセリフは女にキスの許可を求めているように見えるのではないか、または弱腰と思われるのではないだろうか。これは要検討の部分だろう。

もし自分の意志を示さずにキスしようとすれば、断られる以上に気まずくなる可能性がある。キスしようとして逃げられるよりは、ノーと言われた状況でメンツを保つほうがはるかに簡単だ。

だがそれでも、考えつくかぎりのキス作戦を思い切って実地テストしてほしい。何も言わずにキスしようとする、顔をそむけられたら彼女が顔をこちらへ戻すように仕向けてキスをする——それを１００回試すのだ。どんどんアイデアを出して実験してみよう。

C2（つながりを築く）

Ｃ１のロケーションにいる場合、ターゲットの友人や家族の存在が、なごみを築こうとする君の努力をおびやかすかもしれない。それどころか、２人でゆっくり座る時間さえ作れない可能性がある。

どんな理由にしろ、Ｃ１のロケーションでなごみを築く試みが続けられそうもないなら、Ｃ１からＣ２のロケーションにジャンプしよう。Ｃ２のロケーションの例は次のとおり。

●バー、カフェ、静かなレストラン、リビングルーム

●ウィンドウショッピングできるショッピングモールか通り

●なごみのロケーションから別のロケーションまで歩くか、ドライブする

出会いのロケーションでアプローチする前に、Ｃ２で訪れるためのなごみのロケーションを選定しておくこと。ナンパを成功させるには、Ｃ２のロケーションへのジャンプが必須だ。さらにＣ３のロケーションにうまく移行するためには、十分な時間を費やしてなごみを築くまで、必要なら何度でもＣ２のロケーションから別のロケーションにジャンプしよう。

ジャンプ――「飛び込み《バウンス》」と「時間の橋《タイムブリッジ》」

なごみのロケーション間でほかのロケーションに移動することを「ジャンプ」と呼ぶ。ジャンプには２とおりの方法がある。**飛び込み《バウンス》**と**時間の橋《タイムブリッジ》**だ。飛び込み《バウンス》とはグループの人々をその日のうちに違

図22　ジャンプ

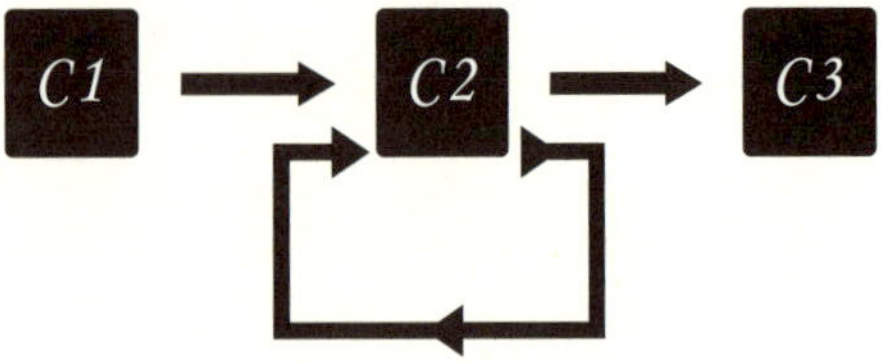

う場所に移動させること。時間の橋《タイムブリッジ》は、日を改めて彼女と会う計画を立てることだ。

バウンス

その日のうちにジャンプするような瞬間的な場所の変更を**飛び込み**《バウンス》と言う。友人同士で「レストランに行くんだ。お前も行こうぜ《レッツ・バウンス》」と言うような感じだ。つまり飛び込み《バウンス》の目的とは、なごみのロケーション間をうまく移動すること。これで**当日中**にターゲットと時間を積み重ねられる。こうすることで、女が君を追いかけるようになることが多い。例を挙げよう。

●Ｃ１のロケーションで一緒に座っていた女のほうを向いて「友達とレストランで軽く食事をしようと思ってるんだ。君たちも大歓迎だよ」

昼：

●「お腹がすいたな。ベーグルを食べに行こう。一緒においでよ」
●「郵便局で封筒を買わなくちゃいけないんだ。付き合って」
●「メルローズにシャツを買いに出かけないと。何か昼食でも食べよう」

夜：

●「いいクラブを知ってるんだ。顔パスだから一緒に行こう」
●「お腹がすいたな。何か食べに行こう」
●「少し座りたい。隣の店に行こう。君と友達も一緒に来る？」

必要であれば何度でも飛び込み《バウンス》すること。最終的には君の部屋に飛び込み《バウンス》して連れていき、寝室までの移動《ムーブ》に十分なだけ、ターゲットと一緒になごみのロケーションにとどまろう。急いで飛び込み《バウンス》しようとすると、イエスと言わせるほどの安全を感じさせられないので注意。グループにアプローチしてから25〜40分たっていれば、だいたいの飛び込み《バウンス》は成功するだろう。

飛び込み《バウンス》のタイミングを推しはかるいちばんの方法は、やはり何度もやるしかない。経験を積むほど直感が磨かれていくだろう。

飛び込み《バウンス》するときは、まず最初に電話番号を入手しよう。そうすれば飛び込み《バウンス》が失敗しても、後日電話で誘い出せる。

時間の橋

なごみのロケーション間でジャンプする方法の2つ目は、後日に会う約束をすることだ。これを

時間の橋《タイムブリッジ》と呼ぶ。

電話番号をゲットするなどのいわゆる「ナンバークローズ」は、実際にはまったく終了《クローズ》とはいえない。本当のクローズといえるのは、唯一**セックス**だけだ。君はちゃんとセックスで終えるクローザーだろうか。

時間の橋《タイムブリッジ》とは、この〝ゲーム〟においてオプション的な行動といっていい。標準的なゲームプランとは、飛び込み《バウンス》をして食事をし、最終的にセックスに持ち込むというものだが、それができない場合にかぎって行うものだ。

なんだかんだ言っても、お互いに時間と関心があるのなら、別の日に持ち越すよりもそのまま続けるほうがいいのだが、彼女の友人がそこにいるとか、スキンシップ《キノ》のエスカレートを受け入れてもらえるほどなごみを築けていないなど、何らかの理由で飛び込み《バウンス》できないこともある。その場合、できるかぎりのなごみと信頼を築くように努めてから、**時間の橋**《タイムブリッジ》をかければいい。

話しているときに「**いつかまた話せたらいいね**」と言ってみて同意が得られたら、あたかも彼女のほうから求めてきたかのようにメモ帳とペンを出して「電話番号を教えて」と言おう。

君のフレームが適用されていれば、彼女はそれが自分のアイデアであるかのように行動するし、従うだろう。それは2人の間の情熱次第だ。いい雰囲気になっているなら、自然な流れで電話番号が手に入るだろう。電話番号を聞き出すうまい方法を探すのではなく、そういう関係を築くことに全力を傾けよう。

時間の橋《タイムブリッジ》の目的は単純。会えない時間のすき間を埋めることだ。2人は**いま**一緒におり、時間の橋《タイムブリッジ》によって再び時間を過ごし、関係を続ける。ナンパとは、出会いから電話番号にではなく、出会いから**セックスに進むこと**だということをお忘れなく。

橋《ブリッジ》をかけるには両サイドが必要だ。電話には1サイドしかないので、電話をかけても女が出なかったり、いい返事がもらえなかったりで、再会の日をセッティングできないことも多い。電話番号を手に入れただけでは橋《ブリッジ》にならないのだ。最初の段階でデートの約束をしておけば電話番号さえ必要ない。

求愛を継続するために、再び直接会える時間と場所へと2人を導くのが時間の橋《タイムブリッジ》であり、電話番号を手に入れただけでは天国への一方通行でしかない。すぐにその番号も**つながらなくなる**だろう。重要なのは確実につながる番号を手に入れることだ。

その場で、もう一度会うための**時間と場所**を設定しよう。飛び込み《バウンス》できない状況になったときのために、時間と場所の異なる時間の橋《タイムブリッジ》を2つか3つ準備しておくといい。いくつか例を挙げよう。

①「明日ショッピングモールに靴を選びに行くんだ。付き合ってくれるなら、君もウィンドウショッピングができるよ」

②「妹に渡しておきたいものがあるんだ。ドライブに付き合ってくれないか。午後8時に迎えに行くよ」

③「2週間後にディナーパーティがあるんだ。君も来るといい」
④「木曜日、マジックショーを見にハリウッドのマジックキャッスルに行くんだけど、君も来なよ。番号を交換しよう」

これらの例では、どれも2人が再会すべき理由づけがなされていることに気づいただろうか。電話番号を手に入れただけだと、もう一度会ってくれるように彼女を説得しなければならない。本当は番号交換などする必要さえないのだ。むしろそうすることで、あまりにもステレオタイプなデートのフレームに当てはめられかねない。

女がもう一度会おうとしないのは、最初の段階で十分な価値を見せられなかったか、なごみを築けなかったということであって、電話でそれを変えることはできないだろう。

手堅いゲームをすることは、電話番号を手に入れるよりも重要だ。手堅いゲームは、つながる電話番号を入手するのに役立つ。

例③で電話番号を手に入れられる（ディナーパーティまでに2週間を確保した！）。翌日彼女に電話をかけて、さらに一体感《ラポール》を築き上げよう。電話中の時間も累積すべき7時間に加算する。これは彼女の日常の一部になる方法でもある。

十分になごみを築いていれば、番号交換などしなくてもまた会えるし、すっぽかされることもない。ただし、なごみが不十分だった場合、その電話番号は「現在使われておりません」になり、もはや使えない。つまり、電話番号を手に入れることに重点を置きすぎてはいけない。**手堅いゲーム運び**をすること。

君の家の近くか、プランを実行する場所の近くにあるロケーションを選ぼう（そのほうが好都合だ）。約束をすっぽかすかもしれない女と無理に会わなくてもいい。自分をしっかり持とう。君の人生が説得力を持つほど、彼女はますますその一部になりたいと思うようになる。

「コーヒーを飲みに」行くのではない。「アングラ情報誌のページレイアウトを渡すためにカフェで友人のダイアンと会わなくちゃいけないから、そこで会おう」と伝えよう。

俺は昨日、ショッピングモールに行き、混雑したカウンターで日本食を手に老人の横に座った。彼は、以前のスケボーは金属の車輪の上に木製の板が載っているだけだったのに、なぜいまではそれがグラスファイバーになっているのかなど、あれこれ長々と話しはじめた。やれやれ、俺はただ食事をしたかっただけなのに。

相づちは打ったが積極的に会話したいとは思わなかった（特別な理由は何もない。彼はすばらしい男だが、好みのタイプではないだけだ）ので、脈なしサイン《IOD》を出すことにしたが、「話しかけるな」では失礼だし敵対的なので、そうは言いたくなかった。視線を避けるようにして雑誌を開き、彼が話す間にページをめくり、食事に熱中し、質問にはジョークで答えることにした。

女なら、じいさんにからまれた俺と自分の立場が同じだと分かるだろう。彼が俺の心をつかむようなことを話してくれれば、もしかしたら会話に付き合っていたかもしれない。そう、君はいつだって状況を立て直せる。女が何らかの脈なしサイン《IOD》を出してきてもあきらめるべきではない（おもしろい会話をすることがいかに重要かということだ）。

では、会話の最後に、もしこの老人が俺の電話番号を尋ねようとしてきたらどうだろうか。それがどれほど不気味なことか想像できるだろう。

これまで俺は男たちに電話番号を聞き、仲間や親友を作るきっかけとしてきたが、このじいさんが「つるむ」ことを望んできたら「いえ、結構です」と答えるだろう。彼は俺にいかなる価値も見せていないし、何かのつながりを感じさせるわけでもない。そういう状況で電話番号を尋ねることは、2人の間に親密さを強制しようとする試みで気持ちが悪いうえに、注目されたくて必死な一体感《ラポール》を乞う行為だ。どちらも低い価値《DLV》を示している。

大勢の男たちが女に同じ気持ちを味わわせている。もううんざりなので、この小話を伝えておくことにした。男たちは30秒間つまらない話をしてから、電話番号を尋ねてナンパしようとする。魅力的な女は幾度となく似たような状況をくぐり抜けてきているので、こういうことに対しては非常に敏感だ。時間の橋《タイムブリッジ》をかけるなら、自然にやること。互いにもう一度会う理由を作り、手堅くゲームをするのだ。このじいさんのようにやらないこと。

ミステリーの掲示板より「番号入手に関するコラム」 byラブドロップ

何度も実践していれば、そのうち電話番号が手に入るようになる。そのとき、お前らは自問することになるだろう。「この電話番号はどうすればセックスにつなげられるんだ？」とな。

おそらくこういうケースが多いだろう。数週間から数カ月間ほど現場に出ていたら、ある日、待望の電話番号を手に入れる。やりとりも順調、女も魅力的。ここ最近はご無沙汰なので、どうにかしてセックスにつなげたい。そこでネット掲示板に投稿するか友人にこうやって電話する。「電話番号は聞けたんだけど、どうしよう？　どうすればこの女を落とせる？」。**せっかく手に入れたこの番号を無駄にできない！**

特定のナンパ方法に固執してはいけないのと同じで、1つの番号に固執するのもダメ。グループにアプローチすること、女に電話をかけることは、ただ純粋に実践のために何度も繰り返すべきことだ。その夜6つ目のグループに参加中で、今日でも明日でも、これからもっとたくさんのグループに加わっていくことを分かっていれば、失敗してもどうでもよくなる。かわりにプロセスと、自分がどう振る舞ったかのほうが気にかかるはずだ。

皮肉なことに、スキルを実践しつつも、失敗してもかまわないと思うことで、自然となごやかな空気が演出できて成功率が高まってくる。電話やデート（恋愛術家にとって基本的に時間の橋《タイムブリッジ》を意味する）もたくさん実践すべきだし、そうしなければスキルはけっして向上しない。1本の電話、1回のデートを深刻にとらえるな。ただ練習のためにやる。プロセスを楽しみ、失うことで学び取れ。

番号を聞けたからといって、その場からすぐ立ち去らずに、数分間はとどまって話をすること。でないと、番号を手に入れたのにすっぽかされる男たちと同じパターンにハマる。電話番号を聞き出すことを目的にしてはダメだ。目的は「時間の橋《タイムブリッジ》」。「寿司を食べに行こう」とか「美術展に行こう」とか、なんでもいい。電話番号は付随的なもので、それが目標ではない。時間の橋《タイムブリッジ》を実践するついでに電話番号を手に入れよう。電話に関するアイデアを書いておく。

●電話はデートの約束を取りつける目的でするものだと考えないこと。友人に電話をかけるときは何のためにかけている？　雑談するためでも、いま楽しんでいる何かに誘うためでも何でもいい。女の電話番号を入手したら、かたっぱしからかけるように習慣づけろ。

●アプローチが終わったらすぐ（当日の夜に）電話をかけて、数分間雑談をして放流《リリース》。

●翌日か翌々日に電話で雑談してから放流《リリース》しよう。こうすればがっついていない印象を与え、自分を日常生活の一部として受け入れる状態にさせられる。「バーにいた男」や「先週土曜日にクラブで起きたファンタジー」ではなく、**彼女の日常生活の一部となり、自分が実在する人物であることを認識させろ**。

●どこか楽しい場所にいるなら、男友達にかけるようなつもりで女に電話して、招待すればいいい。彼女が来るかどうかに関係なく君は楽しい時を過ごすし、女もそれを察する。

電話で話した時間は、なごみを築く時間として7時間にカウントしていい。なごみを築く機会として利用し、楽しく話し好きな人物になる練習をしよう。電話で気持ちを通じ合わせるテクニックは、電話でしか学べない。

ここまでの説明どおりのトークをすれば、女のほうから「会いたい」というほのめかしがあるだろう（特に日常で味わっている楽しいことや友人について話していた場合は）。活動のことをさりげなく口にして、女が食いついてくるかどうか確認するのもいい。

もし食いついてこなくても大したことではない。彼女がいてもいなくても、自分の人生は楽しく充実しているし、彼女以外の誰かと恋に落ちるだけだ（あくまでそういう態度を暗示するだけ。けっして明確に伝えないこと）。

たとえ女がデートの申し込みを拒否した（もっといいのは、女のほうから申し込んでくること）としても大したことではない。この電話を切ったらすぐほかの5人、10人、20人の女に電話をかけて、彼女たちとゲームをするのだから。

これがいちばん重要だ。特定の番号を重視して失敗を恐れないこと。自分が選ばれるべき存在であることを示すために、定期的にゲームを休もう。ゆくゆくは定期的に電話番号を手に入れ、全部の電話番号をローテーションして規則的にかけていくことになる。**かけるべき番号がほかに5つある状態で、**

どれか特定の番号が気にかかったりしない。とにかく実践あるのみだ。飢えていない様子が声の調子にも現れる。

女は気まぐれな生き物

つながらない電話番号はつねに一定の割合で存在する。女は気まぐれな生き物だ。君との約束をすっぽかすだけでなく、友人や家族との約束もすっぽかすし、自分自身との約束さえ守らないことも多い。

いずれにせよ、やることは**ローテーションを組み**、電話をかけ続けることだ。ゲームには偶然の要素がある。君のことを本気で好きな女が電話に出てくれないことだってあるし、あまり食いつきのよくなかった女が突然電話に出るのをいとわなくなることだってある。それを理解することは絶対にできない。やるのはローテーションの維持と実践を続けることだけだ。

特定の電話番号をけっして深刻にとらえないこと。**ゲームが上達するにつれて、電話がつながらないことも少なくなる**だろう。君は価値を見せる、惹きつける、自分にふさわしい女だと思わせる、なごみを築く――これに取り組み続けよう。女たちが君を追いかけてくるような状態にして、付き合いに投資させよう。手堅くやればやるほど、気まぐれな女も減っていく。

電話に出てくれさえしない女もいる。さあどうしようか。もしかすると「衝動買いの後悔《バイヤーズ・リモース》」をしているのかもしれない。友人からやめておけと言われたのかもしれない。飼い猫が死んで落ち込んでいるのかもしれない。それなら、留守電に伝言を残して次の女に電話をかければいい。そして今夜は実践に出かけよう。そういうライフスタイルでいること。

ミステリーの掲示板より「デートに関するコラム」　byラブドロップ

俺にとって、女と2人きりの状況に持ち込むこと自体は楽勝だった。集団にゲームを仕掛けて、電話番号をもらって、数日後に電話すれば、すぐに俺のベッドの上で一緒に映画鑑賞させられる。だが、同じ女が再び連絡をくれることはなかった。

問題は、セックスへ持ち込みたいがためにA3のフェーズやなごみを築く段階を十分にこなさなかったことだ。俺は、女側に心の準備ができておらず、ぎこちない空気になっても、何が何でもセックスしなければという謎のプレッシャーを抱えていた。俺のやり方はセックスできるが、その後もう一度会える方法ではなかったのだ。

解決策は、**何度も繰り返し使える具体的なデートプラン**――つまり、戦略が鉄板になるまで、たくさんの女に実践できるルーティーンを作ることだった。もし電話番号を入手できるのにセックスができないようなら、お前らもデートを順序立ったやり方で実践してみたらいい。

俺はできるかぎりたくさん場所変更をして、できるかぎりたくさん一緒に時間を過ごせるプランを考え出した。ルーティーンには強力ななごみを築くための移動《ムーブ》と飛び込み《バウンス》のアイデアを盛り込んだ。

考えたことをいくつか挙げておく。

●（電話で）「この間話したけど、水曜日の夜に寿司を食べに行こう。うちの近所にいい店があるんだ。7時ごろ待ち合わせしよう」

●午後7時半。女がアパートメントに現れる。俺は階下に降りるが、「あるものを忘れた」ので、2人で2階に「急いで」走って戻る。俺のド派手な部屋やベイビューを目の当たりにした彼女は、きゃー、すごーい！　と叫ぶ。それから女を外に急がせて、寿司店に車で向かう。このトリックについては『ダブル・ユア・デーティング』のデイヴィッド・デアンジェロを称えよう。こうしておけば、またここに戻ってきたとき、彼女はこのアパートメントに一度足を踏み入れており「なじみがある」ので、**未知のことや一大事に対する不安を感じさせない**。さらに、前回は急いで彼女を外に出したので、中のようすについてもっと知りたがるようになっている。

●午後8時。2人は寿司の店にいる。「手酌禁止」、日本語のモノマネ、はしの使い方のレクチャーなどさまざまなルーティーンを使う。細かいことはいい。ここでの時間の大部分は、気持ちを通じ合わせることに使う。質問ゲーム、手相見など、何でもいい。なごみを築き、互いのことをよく知ろう。

●午後9時。「あっちでいいバンドが演奏しているんだ。見に行こう！」ちょうど寿司店のある通りの近くで、80年代ロックのコピーバンドが毎週水曜日に演奏している。俺はそこのＶＩＰカードを持っているので、列に並ばなくていい。女を連れていくが、演奏はまだ始まっていない。そこで、性的な緊張感を保つために気まぐれにサインを出しながら、何杯か飲み物を飲み、なごみを築くセリフを言う。

●午後10時。会場がオープンしたので、中に入る（追加的な場所の変更）。観客が密集しているので、彼女を先導して観客の中を通るか、腕でガードする。間もなく演奏が始まり、その後２時間、コメディのような会話で笑い合ったり、お気に入りの懐かしいロックを一緒に歌う。

●午前０時。俺の家に戻る。「よし、数分間だけなら２階に上がっていいよ。明日は仕事だから」と伝える。

●午前０時半。ベランダに座ってイチャイチャする。女の手を取り、「10代のカップルみたいにイチャイチャしよう」と伝えて、寝室に戻ってセックスする。

このルーティーンが、いかにたくさん場所を変更し、時間を過ごし、いろいろな戦略を実践しているかに注目。惹きつける必要がありそうなら、うぬぼれて見せたりふざけたりして気まぐれなサインを使う。「審査」を続けて、「相性最高」だと伝えて、なごみを築いてスキンシップ《キノ》をエスカレートしたりもする。毎週違う女と繰り返しデートすることによって生みだした鉄板の構成だから、このルーティーンを使えば、たぶんセックスできる。

最近思いついた「土曜日の午後のためのルーティーン」はこんな感じ。

●午前10時半。「いい天気だね。近くのビーチに昼食を食べに行くんだけど、一緒に行こう」

●午後12時。少しの間彼女を2階に上がらせてから、急いで外に出る。車でメインストリートに向かって、車を停める。

●午後12時15分。食事もできるビリヤード場があるので、ここで1、2時間くつろぎ、昼食をとり、ビリヤードをする。その間なごみを築き続ける。

●午後2時。飛び込み《バウンス》で出かけ、通りをぶらつく。衣料品店に行って試着する。おもしろい仮面、ウィッグなどを扱う店に行く。ワイン店に入って試飲する。

●午後4時。数時間一緒に飛び込み《バウンス》して過ごしたあと、車に戻る。

●午後4時15分。「あるものを買うために」、家に戻る途中で店に立ち寄る。バーベキューセットを買う。店の中を一緒に歩きまわることで、無意識のうちに脳内でカップルになる想像をふくらませる。彼女にも食材を選ばせて、バーベキューに巻き込もう。

●午後5時。家に戻る。飲み物を作り、バーベキューをする。日が沈むのを2人で眺めながらイチャつく。

すべての場所変更はあらかじめ計画済みだが、女の目には自然な行動のように映る。女にとってこの経験は楽しく、変化が続いていて、プレッシャーもない。お前らは全体を通じてリードし、合間に戦略を実践すること。

何度も繰り返し実行できるプランをいくつか考え出し、デートに役立つシナリオを作り上げろ。７時間の間に、何度か場所を変えて、最終的には自宅でまったりすることになるよう計画する。それを何人もの女に何度も繰り返すこと。スキルとルーティーンの向上に全力を傾け、１つ１つをあまり深刻にとらえないように。

C3（親しみを築く）

C3のロケーションにジャンプできるのは、十分ななごみを築いてからだ。C3のロケーションにあたる場所の例を挙げよう。

●君のリビングルームにあるソファ
●君の寝室かホテルの部屋から、目と鼻の先にあるジャクジー
●君のホテルの部屋に近いロビーにあるソファ

ナンパ成功の必須条件は、C3のロケーションか、セックスのロケーションへ女を導くこと。アプローチの前に、C3のなごみのロケーションを確保しておこう。

セックスのロケーションへジャンプしろ

なごみのロケーションなど、たいていの出会いのロケーションは異性として親密になるのには適していない。そのため、互いを誘惑するには、「セックスのロケーション」へのジャンプが必要になる。セックスのロケーションの条件は、プライバシーが守られる場所であることと、C3のなごみのロケーションのごく近くにあり、移動《ムーブ》のタイミングで目と鼻の先にあること（例えば、リビングルーム近くの寝室など）だ。

また、口説きに最高のロケーションは、自分のアパートメントや寝室など、君が完全に支配できる場所だ。成功を妨げる可能性のある変動要因（電話、ルームメイト、両親、ペットなど）が少ない場所にすること。セックスのロケーションのさまざまなメリットや制約についてはあらかじめ検討しておこう。

- ●車
- ●ホテルの部屋

●友人のリビングルームか寝室
●女の寝室
●君の寝室

　C3のなごみのロケーションの一部（例えば、プライベートなリビングルームなど）は、セックスのロケーションにもなり得る。すでにそういう場所にいるなら、C3のロケーションからセックスのロケーションへ移動しなくてもいい。

　出会いのロケーションでアプローチする前に、セックスのロケーションを確保しておくこと。終盤戦になってから計画を運任せにすることのないように。

C3のロケーションからS1のロケーションへ

　女とリビングルームでくつろぎながら、短めの楽しいホームビデオを見せる。いまC3のロケーションにいるところだ。音楽をかけて水タバコ《フーカー》に火をつけ、2人で吸う。パイプから煙を吸い、それを彼女に口移しする。この流れを数回繰り返そう。

　抱き合ってキスして親密さを共有して、キスから前戯へと進んでいく。女の手を取って、寝室へと導こう。マッチ箱を手渡して「はい。お香を探してくるから、キャンドルをつけておいて」と言えば、2人の間に性的な雰囲気が高まってくる。それから「ブラインドを閉めてくれないか？　シャワーを浴びてくる」と伝えて、数分後に戻る。「お香をつけるから、その間にシャワーを浴びてきたら」と彼女に言って、バスルームの場所を指さす。

　こうやって口説きの場面を一緒に構成することで、まるで長年付き合っているカップルのような空気感を作れる。こういった形式的な行動が2人に心地よい親しみを感じさせる。

　だがひとつ警告。自分にふさわしい女だと彼女に感じさせ、なごみを築くまでは、こういう行動をしないこと。もし焦って行動すれば、「**軽い女じゃないアピール**《ASD》」が発動するか、「**衝動買いの後悔**《バイヤーズ・リモース》」をさせる。あるいはその両方かもしれない。

　問題をいっそう複雑にしているのは、もしチャンスを逃したら、同じ女との2度目は期待できないということだ。彼女は帰宅して、何も起こらなかったすべての理由を振り返って、それが正しいことだったのだと思い込むかもしれない。だから、迷ったときにはスキンシップ《キノ》をエスカレートしよう。たとえ間違っていたとしても、調整力はさらに向上し、手法の迅速な改善につながる。

S2（最後の抵抗）

　すべての女の脳には生まれつきある行動回路が備わっている。それは自分と一緒に子育てするつもりのない男から妊娠させられるのを防ぐ機能を果たす。初めてのセックスの直前にこの感情回路が引き起こす抵抗行動を、**最後の抵抗（Last-Minute Resistance／LMR）**と呼ぶ。女がこの不愉快な感情を味わっているようなら、それを和らげるのは男の役目だ。

進化の観点から見ると、女にとってのセックスは、男にとってのセックスよりも大きなリスクと投資を伴う。LMRは、女にとって帰還不能点《ポイント・オブ・ノーリターン》（あとに引けない段階）に至る前の最後の防衛線なのだ。

女の**最後の抵抗**《LMR》**の限界**は、セックスしようとしている男の価値や、その他の状況に応じて変化する。

一般的に、きっかけとされるポイントをいくつか挙げておこう。

●キスをする
●胸に触る
●トップスを脱がせる
●ブラジャーを外す
●パンツを脱がせる
●ショーツを脱がせる
●指でいじる
●オーラルセックス（したりされたりする）

最後の抵抗を克服せよ

「脳が乗っ取られたみたいだ」

ターゲットは「私はこの男に十分ふさわしい」という自信がないまま簡単に落ちてしまったら、君がいずれほかの女のところへ行ってしまうかもしれないと不安に思うだろう。これが、Ａ３で「彼女の努力が実を結んで、君を口説くのに成功したと感じさせる」ことが重要になる理由だ。それがないと、女はセックスの直前になって、「どうして私なの？　なんで私のことが好きなの？」とか「あなたのことよく知らないし……」などと言い出す。

あらかじめ「なあ、実は君のことが気になって仕方がないんだ」と伝えておけば、最後の抵抗《LMR》に対する予防策にはなる。だが、それは数時間前にＣ２のフェーズで伝えておいた場合だけだ。もしベッドインの段階になって急にそんなことを言い出したりすれば、ただセックスしたいがためにウソをついていると思われるに違いない。

脳が乗っとられたみたいに彼女のことが絶えず気になって仕方がなく、その気持ちがますます強くなっているということを、なごみの段階の３つのフェーズを通じて繰り返し伝えよう。だがくれぐれも彼女をおびえさせるようなことを言ったり、つきまとったりはしないように。思った以上に彼女のことが頭に浮かんできて、少し気になっているということを伝えるだけでいい。

「やめようよ……」

最後の抵抗《LMR》のメインテクニックは「**見せかけの抵抗**」だ。これは実際のところ口先だけで、身体の興奮はどんどん高まっている。なのに女が「ねえ、やめよう」と言ってくる理由は何だろうか。

女にとって理想的なシナリオとは「性的な緊張感が高まることで、ある瞬間にすべてのコントロールを失ってしまう」というものだ。それはつまり、自分の責任ではなく、何か目に見えない力が彼女のコントロールを完全に越えてしまったということ。見せかけの抵抗は、女が理想とするそのシナリオの裏づけとして必要なのだ。君が我慢しなければ、彼女が抵抗するだろう。

女が見せかけの抵抗をしてくるときの最善の答えは、女に同意はするが、行動をやめないこと。君が同意しなければ、女は反発するだけだ。同意せずにいるとますます抵抗されるだろう。服を脱がせているときに「やめなくちゃ」と言われたら、彼女に同意して、それから続けよう。「うん、分かってるよ」「やめないとね」と言いながら服を脱がせ続けるのだ。

手堅い《ソリッド》ゲーム運《・ゲーム》びの戦略

女の感情回路は、信頼が置けて一緒に「男女の絆」も築いていけるような価値の高い男を選ぶように設計されているので、手堅い戦略を実行すれば、さほど最後の抵抗《LMR》はされないだろう。基本的な戦略を1つずつ検証していこう。

- ●健康で野心的な、社交的でくつろいだ人物になっているか。
- ●いつでも、がっついていないことを伝えているか。
- ●事前選択《プリセレクション》、「男たちのリーダー」の魅力スイッチ（人の心を読み取るスキルと社会的証明《ソーシャルプルーフ》）、感情の刺激、フレームの支配などを通じて、さまざまな方法で価値を示しているか。
- ●女は追いかけてきているか、または付き合いに投資しているか。
- ●従順度テストをしたか。キノのエスカレートや従順を確認したか。
- ●君に興味を持たれていると彼女に感じさせているか（「相性最高」や、その他の脈ありサイン《IOI》を使って「男女の絆の高まり」を示しているか）。
- ●7時間と数回の場所変更を通じて、なごみと信頼、つながりの感覚を築いているか。彼女が間違いなく君を欲しがるように、嫉妬の筋書き《プロット》を使ったか。

困ったときの「締め出し《フリーズアウト》」

最後の抵抗《LMR》を克服できない場合は、女を「締め出し《フリーズアウト》」しよう。

電気をつけ、キャンドルを消し、Eメールをチェックし、キッチンに行ってサンドイッチを作り、チェッカー盤を取り出し、女をゲームに誘えばいい。

もし不機嫌になって怒ったりすれば、それは彼女に影響を受けていることを見せてしまうので、ただ性的な興奮の回路が遮断されたかのように行動すること。彼女は喪失感を味わって、最後の抵抗《LMR》のレベルを下げざるを得なくなるだろう。

S3（セックス）

さて、お待ちかねのセックスの時間だ。君の努力の賜物であり、恋愛術修得の見返りでもある。

ブルース・リーはリング上での戦いのために武術を特訓していたが、セックスに至るということは、ただ求愛が成功した、ミステリーメソッドの素晴らしさが証明されたというだけでなく、新たな男女関係の始まりでもあるのだ。

初めてのセックスの注意点は、女を心地よくなごませているか、楽しさと遊び心があるか、深いレベルでつながっているかどうかだ。2人とも興味があり、かつ同意している場合でなければ、変態プレイは後にとっておくこと。初めてのときは、ゆっくり女の服を脱がせながら、キャンドルの光を浴びた彼女がどれほど美しいかを耳元でささやこう。アナルセックスは好きかとか、ベッドに縛りつけていいかなどと聞いてはいけない。最初のときは、大人のおもちゃやチェーンは確実にしまっておこう。

安全なセックスはいつだって大切だが、最初のセックスのときには特に重要だ。互いのためにも必ずコンドームを使うこと。最初のセックスで無責任な態度を取るのは、信頼関係の構築を妨げるし、その結果、性病にかかったりすればナンパだってできなくなる。最悪だ。避妊しなかったら、互いの人生を危険にさらすことになりかねないし、そのリスクに値するものなどない。

現場でターゲットを選び、惹きつけ、なごみを築き、口説きを繰り返し、そのたびに自分の選択が正しかったかどうか確認していくことで、君はどんどんレベルの高い美女を落とせるようになっていく。そんな美女にはきっと何度でもお相手願いたくなる。

第1章で書いたウィルト・チェンバレンの記録の話を覚えているだろうか。ある試合で100ポイントを入れた――のではなく、2万人の女性とベッドを共にしたという話だ。実は、彼にはもうひとつ有名な話がある。晩年の彼が言ったことには、「1人の女性と2万回セックスするほうがよかった」。

はいはい、よく言うよ。だが、チェンバレンのような並外れた恋愛術家でも、何人もの女と1回だけセックスをするよりも、1人と何度もするほうが満足感が高いことを最終的に理解したのかもしれない。

今後さらに親密な関係になれば、「すてきな時間をありがとう」という女からの留守電のメッセージだけでハイになれるし、その後の2人の体験とそこから生まれる感情は、さらにすばらしく、エロティックになる。

女がこれからもっと深い関係になりたいと望んでいるのに、もしヤリ捨てなんかすれば、女は自分の「生き延びる機会」と「子孫を残す機会」を危険にさらしたことで自身の脳の回路から激しく責め立てられ、まるでとても大事な何かを奪われたような気持ちにさせてしまうだろう。女にそういう思いを味わわせるのは、非常に罪深いことだと俺は思う。

まとめ

●女は、セックスに対して心の準備ができるまで一般的に4～10時間かかる。これは**7時間ルール**として知られる。
●キスはなごみを築く。実践を積むことによって、グループにアプローチしてから20分以内に女と2人きりになり、キスできるようになる。
●**C2のロケーション**は、出会いのロケーションやセックスのロケーションから離れた、なごみのロケーションだ。
●なごみのロケーションから別のロケーションに行くことをジャンプと呼ぶ。ジャンプには飛び込み《バウンス》と時間の橋《タイムブリッジ》という2つの方法がある。
●**飛び込み《バウンス》**とは、その日のうちに別の場所に行くこと。
●**飛び込み《バウンス》**するつもりなら、まず電話番号を手に入れること。そうすれば、**飛び込み《バウンス》**が失敗したときも、後日電話で誘うことができる。

●**時間の橋**《タイムブリッジ》とは、後日会う約束のこと。これはあくまでもオプション的な動きとして考え、「女と食事をとるために**飛び込み**《バウンス》して、最終的にセックスする」という標準的なゲームプランで進行できない場合にのみ行う。

●電話番号を手に入れることよりも、手堅くゲームをすることが重要だ。手堅いゲーム運びをすることが、つながる電話番号を手に入れるのに役立つ。

●ゲームを実践し、たくさん電話番号を手に入れること。つねに5～10の番号を入手できていれば、しくじっても心配しなくていい。特定の番号を重視することはないし、それこそが適切な態度につながる。

●電話番号を手に入れたあとも、数分間はその場にとどまって話すこと。

●入手したすべての番号にかけて、ただ雑談をしてみたり、何でもいいので現在やっている楽しいことに相手を巻き込む習慣を身につけよう。

●電話での約束をすっぽかす女はたくさんいる。**大したことではない**。ゲームに取り組み続け、多くの番号に電話をかけ続けよう。ゲームはスキル（実践が必要）と、幸運（偶然のチャンスが必要）の組み合わせだ。数をこなすことで、どちらも可能性が増す。

●電話番号を手に入れてもセックスまで至らない場合、順序立てたデートプランの実践が役立つ。何度も繰り返すことのできるプランを考案し、実践すること。

●デート用のシナリオを考案しよう。7時間におよび、場所の変更が含まれ、最終的に2人が君の家で落ち着くことになるプランであること。
●**C3のロケーション**は、君の家のリビングルームやジャクジーなど、セックスのロケーション中にあるなごみのロケーションのこと。
●**セックスのロケーション**の条件は、プライバシーが守られることが第一で、C3のロケーションに近いこと。君の寝室など。
●C3からS1（前戯）に進んだ時点で、「帰還不能点《ポイント・オブ・ノーリターン》」（あとに引けない段階）は超えている。十分なごみを築く前に、焦ってS1に進んでしまうと、女に「衝動買いの後悔《バイヤーズ・リモース》」をさせることになる。
●最後の抵抗《LMR》はセックス直前に女が感じる不安によるものだ。これは男のアプローチ恐怖症と似ている。最後の抵抗《LMR》を和らげるのは君の仕事だ。
●戦略の弱さが、結果的に最後の抵抗《LMR》を大きくさせる。戦略を練り上げることが、最後の抵抗《LMR》を小さくすることにつながる。
●最後の抵抗《LMR》に対処するためのテクニックはほかに、**形だけの抵抗、手堅いゲーム運び《ソリッドゲーム》をすること、**「**締め出し《フリーズアウト》**」を続けることだ。

結論

突き進み、征服せよ

ＰＵＡへの旅にご参加いただいたことに感謝する。本書を読了した君は、恋愛術家コミュニティが提供する最高の情報、戦略、知識の一部をすでに備えている。君と知識を共有できたことを光栄に思う。

もちろん、人間同士のやりとりや反応には予測できないことも多いため、知識があることと、それを実践に移すこととはまったく別の問題だ（セックスのハウツーマニュアルを読むことと、実際に女とセックスすることの違いみたいなものだ）。

したがって、ここで、現場に出て行くことの重要性と、生きたターゲットを相手にリアルタイムで絶えず実践し、スキルに磨きをかけることの必要性をあらためて強調しておきたいと思う。

スポーツに例えてみよう。スター選手たちはみんなひと晩でスターになったわけではない。誰もいない体育館で何年も費やして、ボールを投げ、蹴り、何周も走り続けた結果、スターとなった。

バスケットボールの一流プレーヤーであるレブロン・ジェームズは、何年間もあらゆるシミュレーションを繰り返してきた。だからいざ試合が始まれば、シュートを打つまでの24秒でショットクロックが鳴り響き、観衆が大声で叫び、3人のディフェンダーが彼に向かって飛びかかる中での一瞬のチャンスにおいてさえ、どう行動すべきかを知っている。幾度となく反復することによって――恋愛術用語で言えば、自分のゲームを信じられないほど高度に調整しているのだ。

俺やほかのスターPUAに等しく備わっているのは、自分の技術が完璧なものになるまで実践し続ける能力だ。俺はコート上のレブロンと同じく、あらゆることを見て、すべてを実践してきた。だから現場で驚くような出来事はめったにない。また、レブロンも俺も、ターゲットを攻撃して得点するために、ウイングの助けを借りて障害を突破することも多い。

ナンパというゲームのいちばん素晴らしいところは、そのプロセスで自分自身を理解できるところだと思う。現場で障害を取り除く努力をするうちに、自分の職業、懐具合など、人生のあらゆる障害の克服だってさほど難しくないことが分かってくるだろう。例えば、クラブで2、3人の障害の敵意を和らげてスーパーモデルをナンパできる俺が、不動産を購入するときや何かの交渉で気難しい相手にパニックを起こしたりするだろうか。まずあり得ない。

学ぶべきことはいつだってたくさんある。オリジナルのナンパを実践しながら、必ず学び続けてほしい（俺は毎日ナンパに関する新たな知見を得ている。それが6カ月ごとに自分の手法を更新している理由だ）。ミステリーメソッド・セミナーや、ワークショップ、ブートキャンプも開催しているし、もし出席が難しいようなら「ミステリーのビデオアーカイブ」というタイトルで販売中の5つのD

ＶＤを見てもらってもいい。俺たち恋愛術家が現場で使うテクニックを公開している。venusianarts.comにアクセスすれば、これらの製品、サービス、そのほかたくさんの情報を入手できる。

さあ、ゲームの始まりだ！

著者より

特典ダウンロード(英文)のご案内

ミステリー・メソッドは世界中の男性をモテる男へと変えてきた。彼らの成功は私のライフワークであり、キミの成功も願っている。

まず第一に、本書の読者に向けてオープナー、ルーティンなどすぐに使える戦略を追加章にまとめた。

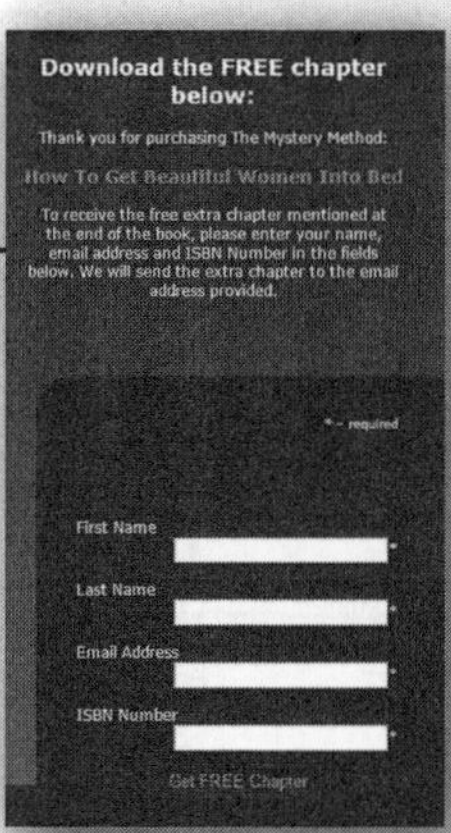

http://www.getattraction.com/

にアクセスし、本書のISBNコード

9784775941485

と**自身のメールアドレス**を登録すると、特典PDFがメールで届く。

さらに下記のような情報満載のサイトも案内する。

・ミステリーメソッドのトップ講師によるセミナー映像
・質問や戦略を共有できるオンライン掲示板　　など

キミが今後の人生を美しく魅力的な女性たちと過ごせるよう祈っている。

Mystery

注）本特典は著者運営のため、すべて英語での提供となります。
無保証・無サポートの方針で配布させていただきます。

監訳者あとがき

ＰＵＡ旋風が日本のナンパ界を直撃して数年がたった。アメリカのナンパ事情を赤裸々に描いた『ザ・ゲーム』というノンフィクションのベストセラー小説の影響だ。著者のニール・ストラウスは、もともとさえないハゲたチビの編集者だったが、アメリカのあらゆるＰＵＡコミュニティを渡り歩き、達人たちからメソッドを学んでいくうちにカリスマ的ＰＵＡになって、たくさんの美女を次々とものにしていった。

このストーリーに世界中の多くのモテない男（ＡＦＣ）がときめいた。日本の都会に住む若者も同様だ。

それまで日本ではナンパといえば、路上からカラオケやネットカフェに直接連れ込んで手軽なセックスに興じる、いわゆるスピード重視、抱いた女性の数が多いほど優秀なナンパ師だという価値観が主流だった。そういった価値観は、海外からのＰＵＡ旋風によって揺らぎ始めた。ＰＵＡメソッドは美しい女性を丁寧に落とすための〈再現性のある〉メソッドだったからだ。再現性があるとは、偶然の要素を極力排除しているということを意味する。

そうして、彼らの手法を忠実に模倣するジャパニーズＰＵＡたちが現れた。週末には六本木のクラブや路上で横文字のPUA用語が乱れ飛び、たくさんの美しく快活な女性が彼らの手に落ちた。

そしてその『ザ・ゲーム』の主人公のひとりが、本書の著者〝ミステリー〟である。彼は数々の実践を通じて、男女間の求愛の構造を明らかにし、それに基づいたナンパの独自理論を構築してきた。彼はシャイで神経質、つまり他人から自分がどう見られているのかについて人一倍過敏だ。そして承認欲求が極めて強い。

優れた理論というのは、その人の性格から来る思想が理論の至るところに立ち現れるようになっている。本書が他の多くのモテ本と明確な一線を引いているのは、どんな人間が書いたものかということが明確だからだ。

ミステリーメソッドはあの究極のロマンティストのミステリーが、徹底的にリアリストの視点から構築したものだ。ぜひとも本書にてその芸術的なアンビバレントさに触れてほしい。現在ネットに出回っている恋愛系やナンパ系の情報商材はすべて、このミステリーメソッドの質の悪い焼き直しにすぎない。〝何かを学ぶときは原典に触れろ〟、これは学習の鉄則である。

自分はもうかれこれ2年間、そういうPUAを目指す男たちに日々ナンパを教えることで生計を立てている。その前は20台前半のころから6年近くナンパをしてきた。ナンパ師として大学で講義をしたこともある。『ザ・ゲーム』を読んだ直後は衝撃を受けて、六本木のクラブに4週連続でグループセオリーを試しに出かけてさんざんな目に遭ったりもした。

欧米で完成されたメソッドが日本ではそのまま通用しないことも多いので、今はそれを日本スタイルに翻訳して教えている。素人でも上達の早い者は半年から1年ぐらいでメソッドをモノにする。ミステリーの言葉でいうと、内在化するということだ。なによりもプロセスを構造化して、頭を使いながら仲間たちと技術をひとつひとつものにしていく日々は楽しい。

いま、日本のナンパ界に確実に新しい波がやってきている。最近ではこのミステリーメソッドを理論的支柱にした「恋愛工学」という新たな流れが日本の都市部では芽生えつつある。このメソッドが世間の常識となってコモディティ化してしまう前に、本書に出会えた君は本当にラッキーだったということだ。あとは、街に出てチャンスをつかめばいい。

最後になったが、この本の監訳作業にともに尽力してくれた現役ＰＵＡであり、ＰＵＡ育成講師の秋さんに感謝したい。彼の意見はいつも大胆かつ的確だった。この優れたメソッドが少しでも読者に正しく伝わるようにと熱く意見を戦わせた渋谷の夜のことを忘れない。

２０１５年　公家シンジ

用語集

アプローチ恐怖症：子孫を残す価値の高い女とセックスしたくてどうしようもない衝動と同時に、彼女から逃げ出したくなる衝動のこと。

安全化：ターゲットをネグすることによって、ターゲットの友人たちは君のことを脅威とは見なさなくなる。

いい人：最初に自分に惹きつけずに、なごんだ空気を築こうとする男のこと。

生き残るための原動力：地球上に生存し進化するすべての種が持つ前提条件。自然は永年にわたって子孫を残すことを重視する。

一貫性の原則：やりとりするときに、すでに慣れた行動やフレームに合わせようとする傾向。例えば、君が一度ボディタッチをやめるまでに彼女がボディタッチを拒まなかったなら、次回も拒否しなくなる可能性が高い。

偽りの「相性最悪」：ターゲットの敵意を和らげる効果がある。自信、おもしろさ、がっついていないこと、相手と一線を引く態度を示すセリフなど。

偽りの時間制限：ターゲットに対して、自分が立ち去ろうとしているという錯覚を植えつけること。

ウイング：相棒。おもな役割は、プレイヤーのターゲット獲得をサポートすること。

内輪意識：ターゲットとフレームを共有すること。内輪ネタ、ニックネームなどによって関係を強化できる。

エサ―引っかけ―引き寄せ―放流：従順度《コンプライアンス》テスト、審査《スクリーニング》、「相性最高」などをＡ３のフェーズで適用するときの例え。

オービター：美女の取り巻きの男たち。友人を装っているが、ひそかに彼女とのセックスを望んでいる「いい人」のこと。

オープナー：「つかみ」のセリフ。グループから注目を集めて、自分の存在を受け入れてもらうために使う、短いストーリーやコメント。これは「君、美人だね」などとターゲットに伝える「直接的」なもの（勧めない）と、関心があることをターゲットに気づかせないようにする「間接的」なもの（お勧め）がある。

大きな挫折：抑え切れない負のスパイラルによって生じる病気、貧困、孤独のこと。

男たちのリーダー：女の脳が持つ魅力スイッチの１つ。ほかの男たちをリードする男に会った場合に作動する。

お友達：知り合いになって長いこと、女に恋心を示せない男。

お友達ゾーン：性を感じさせない心地よいなごみに慣れているので、男にそのままでいてほしいと女が思っている場合に生じるワナ。「いいお友達でいましょ」と言われ、そこから動けなくなる。

外部からの妨害：突然、グループ内部の力学が変化すること。他人が加わることによって引き起こされることが多い。

感情の刺激：理にかなっていなくても、「正しい」と感じさせることによって、反応させること。「理性的な会話」の対義語。

基準がある：行動によって巧妙に合図を発し、自分は選り好みをする価値の高い男であるというフレームを設定すること。

キノ：あらゆる種類のスキンシップ、ボディタッチのこと。「kinesthetic（触覚）」に基づく造語。

キノのエスカレート：次第にボディタッチを親密にしていくこと。

キノの相互送信：2人の間で惹きつける力が高まっていることの表れ。言葉のやりとりから始まり、はしゃいだいちゃつきに発展する。

キャットセオリー：届きそうで届かない距離にエサを置き、少しずつ継続的に女を惹きつけること。ネコがひもを追いかけるように、女はエサを追いかけようとしておびき寄せられる。

求愛：ナンパ。性的な関係を始めるプロセス。出会いからセックスまで。

釘付けにする小道具：ロックインプロップ。グループから離れにくくさせるためにターゲットに手渡しておく小道具（帽子、マフラーなど）のこと。

口が堅い（配慮）：女とセックスしたことを自慢しない。女は社会的に重大な事態にならないと確信できる場合には、性的に大胆になれる可能性が高くなる。

口説き魔：女を惹きつけずに、ただセックスすることだけに力を入れる未熟なナンパ師のこと。

接地：グラウンディング。ターゲットが君の現状に共感できるように、生い立ちをターゲットに伝えること。

グループセオリー：公共の場にいる人々の集まりに、ソーシャルダイナミクスとM3モデルを適用すること。

ゲームのロケーション：求愛中に、君とターゲットが訪れる可能性のある場所のこと。

合格点：グループの一部として受け入れられるのに十分な高い価値を示したときに獲得できる点数。

後方合併：前のグループにもう一度アプローチし、現在のグループに合併すること。

駒：ポーン。次のグループへアプローチをしやすくするために、前もって引っかけておいた女のこと。ターゲットの防御シールドを弱めるために使われることが多い。

なごみのロケーション：静かで隔離された環境。君とターゲット、場合によっては彼女の友人たちと長く会話できる場所。

さまざまな会話の糸口：親しい友人同士でやるように、さまざまな話題を行ったり来たりする話し方のこと。会ったばかりの人ともそうすることで、古くからの友人であるような感情が生まれる。

終盤戦：求愛のプロセスの最終ステージ。

3秒ルール：やむを得ない事情（例えばウエイトレスの接近など）がないかぎり、女を発見してから3秒以内にそのグループにアプローチしなければならない。最初に現場に入ってから3秒以内にどこかのグループに加わらなければいけない。

時間の橋：タイムブリッジ。あとで違う場所でターゲットとゲームを継続すること。そのために連絡先を交換しておく。

事前選択：プリセレクション。すでにほかの女から選択されている男であることを確認した場合にオンとなる、女の中に組み込まれた魅力スイッチ。

7時間ルール：女を口説く準備として、なごみを築くために必要になる平均時間。

締め出し：フリーズアウト。女のよくない行いをしつける手段として、不快感を生み出すために脈なしサイン《IOD》を意図的に利用すること。

社会的証明：ソーシャルプルーフ。他人が君を高く評価していることを示すもの。反対に、ネガティブな社会的証明を得てしまうこともある。

従順度テスト：コンプライアンステスト。自分に対して彼女がどのくらい関心を持っているのかを測定するために、ターゲットに何かをするように依頼するテスト。

従順の臨界点：何かを依頼されたときに女が引き受けるか否かの境界となる点。

10段階の評価：外見に基づいて女を採点すること。6点はまあまあの女、10点はスーパーモデル。6点未満の女には時間を費やさない。

順応：必要なだけの実践を積み、台本どおりのルーティーンを完璧に自分のものにすること。

衝動買いの後悔：バイヤーズ・リモース。女が酔っ払っていたり、愛撫を許すのがまだ早すぎたと思ったときに感じる後悔の感情のこと。

障害：ターゲットの友人のこと。

スパイラル：1つ以上の「注目すべき重要分野」を長期間無視し続けたときに引き起こされる、手に負えない連鎖反応のこと。

正当化：女が子孫を残すために、罪の意識を感じずに彼氏を裏切ったり、あるいは「ただダンスをするために」外出するような行動を感情的に受け入れるために利用する精神的なプロセス。

接近：身体的に近づくこと。脈ありサイン《IOI》であることが多い。

セックスのロケーション：一般的に、寝室やホテルの部屋などの場所のこと。ＰＵＡとターゲットが性交渉やその他の親密な接触をする場所。

前方合併：新しいグループにアプローチし、現在のグループと合併すること。

それらしい理由づけ：「これから起こるかもしれない何か」に対する責任は、彼女ではなく「君に」あるという感覚を女に与えること。彼女の責任ではない。

他己紹介：ウイングがＰＵＡの名前と、彼が実行した印象的な出来事をグループに説明すること。

断ち切る：自分の目的に役立たない話題を終わらせ、それに代わる新たな話題を導入すること。

中間地点：グループに「どういう知り合い？」と尋ねる段階のこと。一般的に、開始から3～5分たったころ。また、アプローチするときや2人きりになるときに、ゲームがどの地点にあるかを説明するためにも使われる。この質問は全グループに尋ねたほうがいい。

中盤戦：求愛のプロセスの中間。

注目すべき重要分野：健康、富、愛の3つ。人生の目的を実現し、生き延びて子孫を残すために、これらを満たさなければならない。

注目されたくて必死の行為：価値を示そうとして、目に見える、あるいはすぐにバレるようなやりすぎの努力をすること。

調整力：現場で時間を費やすことによって緻密に調整された、人付き合いに関する直感のこと。恋愛術家は調整力によって人付き合い上の課題を事前に予測できる。

使いまわしのセリフ（行動）：自分の特定の価値を示すルーティーン。グループへのアプローチで利用できる状態になっているもの。

出会いのロケーション：女に出会える確率が高い場所。魅力的な女の数によって「ターゲット・リッチ」か、または「ターゲット・プア」なロケーションと呼ぶ。

手堅いゲーム運び：ソリッドゲーム。きちんとミステリーメソッドの構成と段階に従ってターゲットをナンパすること。フールズメイトの逆。

適正テスト：現場における女からの意識的または無意識の審査。男が女やその子孫をきちんと支えて保護できるかどうかを判断するためのもの。

投資：女自身を君に関与させる範囲のこと。投資は、金銭的、時間的、感情的、労力的なものなどがある。

内在化：ミステリーメソッドが無意識のうちに自動的に適用されるようになるまで、そのスキルを実践するプロセスのこと。

ナンパ：求愛のプロセスの序盤。

ナンパ失敗男がかかるワナ：①互いに惹かれ合っているかどうかの判断を間違える、②なごみを無視する、③「衝動買いの後悔《バイヤーズ・リモース》」の3つがある。

ナンパ待ちサイン：男に自分のほうへ近づいてきてほしいときに、女がとる行動。視線を合わせたりするなど。

任意のターゲット：惹きつけられたからではなく、ただ実践を積むためにゲームの対象とする女。

ネグ：否定的のようにも思える微妙な発言。ターゲットを油断させ、自分自身の価値に疑念を抱かせることで、相対的に君の価値が高まるようにする。

ハイヤード・ガンズ：容姿端麗なおかげで、客集め目的で出会いのロケーションで雇用されている女。ホステス、モデルなど。

飛び込み：バウンス。アプローチしたその日のうちに、一緒に場所を移動すること。

ピーコック：女に生存能力を見せつけるために、目立つ服装をすること。それによって発生する社会的圧力にも影響を受けないことで、さらに高い価値を示すことができる。

人付き合いの恒常性：すべての社会的な動物が、自分を他人から守ることと、自分が他人と連携することの間で、完全なバランスを達成しようとすること。

フープ：他人が「くぐる」かどうかを確認するために、作り出したり尋ねたりするもの。

フールズメイト：口説きの段階を最初に持ってくる戦術。一般的に、酔っ払っていたり極端に欲求不満な女たちにのみ機能する。相手の人付き合いの経験値が高いほど、成功の確率は低くなる。

フールズメイト・ファンタジー：フールズメイトの1つ。女に出会ってすぐに口説いて、セックスするために、トイレの個室やそれに類似した場所に連れ込むこと。中身の濃いゲームとはいえない。

服従のプロセス：ターゲットを何度も、より大きいフープをくぐらせるように仕向けていくプロセスのこと。逆のことをすると不服従のプロセスとなる。

不調和：君が伝えたいことと、その伝え方の食い違い。

フレーム：君が話すあらゆることの裏側にある意味、背景。言外の意味。暗黙の了解。フレームは、内容に意味を与える。

フレームゲーム：行動における微妙な合図。これを通じて人々は自分の考えを伝えようとする。

防御シールド：女が人生経験とともに築いてきたさまざまな戦略。これを組み合わせることによって、男からの絶え間ないアプローチを回避する。

ボディシフト：君がグループから立ち去ろうとしていることを表現するために、身体的な動きを利用すること。

前のめり：ターゲットが何かを言うたびに身を乗り出すこと。やってはいけない。

見せかけの抵抗：女がスキンシップ《キノ》のエスカレートを一時的にためらうこと。これは女にもともと備わっている軽い女じゃないアピール《ASD》が働いた結果である。

移動：ムーブ。女を現在の場所に近接する別の場所に移動させること。

勇気：主体的であろうとする度胸のこと。恋愛術家は絶えず主導権を握ろう。

欲求段階説：アブラハム・マズローの理論。人間が満たされない欲求によって動機づけされ、高階層の欲求が満たされる前に低階層の欲求が満たされる必要がある。

ルーティーン集：オープナー《つかみのセリフ》、ルーティーン、作戦など、現場で利用する一連の台本。

恋愛術：会ったばかりの女をナンパして、親密な関係になる技術。子孫を残すことに役立つ。実践する人を恋愛術家と呼ぶ。

連帯：人々が生き延びて子孫を残す機会をより多くするために作り上げる、友情やその他の関係。

ロボット：人々と自然に気持ちを通じ合わせる能力に欠けている人。

AFC (Average Frustrated Chump)：欲求不満のモテない男たち。実践経験のないＰＵＡで、女を崇拝する「いい人」。結局は女にボコボコにされる。ターゲットに近づけることはめったにない。

ASD (The Anti-Slut Defence)：軽い女じゃないアピール《ASD》。他人が自分のことを尻軽だと考えるのを避けるとともに、自分自身が尻軽になったと感じる不快感を避けるための妨害メカニズム。女に組み込まれている精密に調整された回路。

DHV (Demonstrate Higher Value)：ＳとＲのより高い価値を伝えるあらゆるものや行動のこと。

DLV (Demonstrate Lower Value)：ＳとＲのより低い価値を伝えてしまうあらゆるものや行動のこと。

IOD（Indicators Of Disinterest）：脈なしサイン。女が惹きつけられていないサイン。言葉以外であることが多い。

IOI（Indicator Of Interest）：脈ありサイン。女が惹きつけられているサイン。言葉ではないことが多い。「受身（行動しないこと）」だったり、「自発的（行動すること）」だったり、「偽り」であることもある。

LMR（Last-Minute Resistance）：最後の抵抗。最初のセックスが迫ってきたときに女が取る抵抗の行動。最終防衛ライン。

LMRの限界：女が君とセックスするかしないかの境界線。状況に応じて変化する。

M3モデル：ミステリーメソッドを構成する一部。男と女が出会ったときから、性的な関係が始まるまでの流れを説明する。

SOI（Statement Of Interest）：脈あり発言。ターゲットに対する関心が高まっていることをはっきりと知らせる、明確な言葉による発言。

■著者紹介

ミステリー

90年代にバーなどで実演しながらナンパのやり方を教える手法でナンパ業界に革命を起こし、インターネット上に爆発的なナンパコミュニティブームをもたらしたカリスマナンパ師の一人。リアリティ番組「ピックアップアーティスト」シリーズへの出演や、『ザ・ゲーム』(ニール・ストラウス著、パンローリング)に著者のナンパの師匠として描かれたことで世間に知られるようになった。現在はナンパ術のサービスを提供する仕事を世界で展開し、成功している。今日出回っている恋愛術やナンパの技術の多くが、ミステリーの考え出したメソッドに基づいている。

■訳者紹介

赤平三千男(あかひら・みちお)

1950年生まれ、秋田市出身。上智大学外国語学部卒業後、金融機関および精密機器メーカーで30年余り勤務。その後50代半ばから、金融・証券、ニュース記事を中心とした翻訳業に携わる。

■監訳者紹介

公家シンジ(くげ・しんじ)

1983年生まれ。指導実績400人を超える現役のカリスマナンパ師。かつては大学でナンパについての講義もおこない、その他イベントにも多数出演。現在は大阪を拠点に東京、福岡、台湾などを飛び回り、独自のビジョンを携え長期的な後進の指導にあたっている。公式サイトは以下のとおり。 d.hatena.ne.jp/qqille

2015年 9 月 3 日 初版第 1 刷発行
2016年 9 月 3 日 第 2 刷発行

フェニックスシリーズ ㉙

口説きの教典
──カリスマナンパ師“ミステリー”の恋愛メソッド

著　者　ミステリー
訳　者　赤平三千男
監訳者　公家シンジ
発行者　後藤康徳
発行所　パンローリング株式会社
〒160-0023　東京都新宿区西新宿7-9-18-6F
TEL 03-5386-7391　FAX 03-5386-7393
http://www.panrolling.com/
E-mail　info@panrolling.com
装　丁　パンローリング装丁室
印刷・製本　株式会社シナノ

ISBN978-4-7759-4148-5

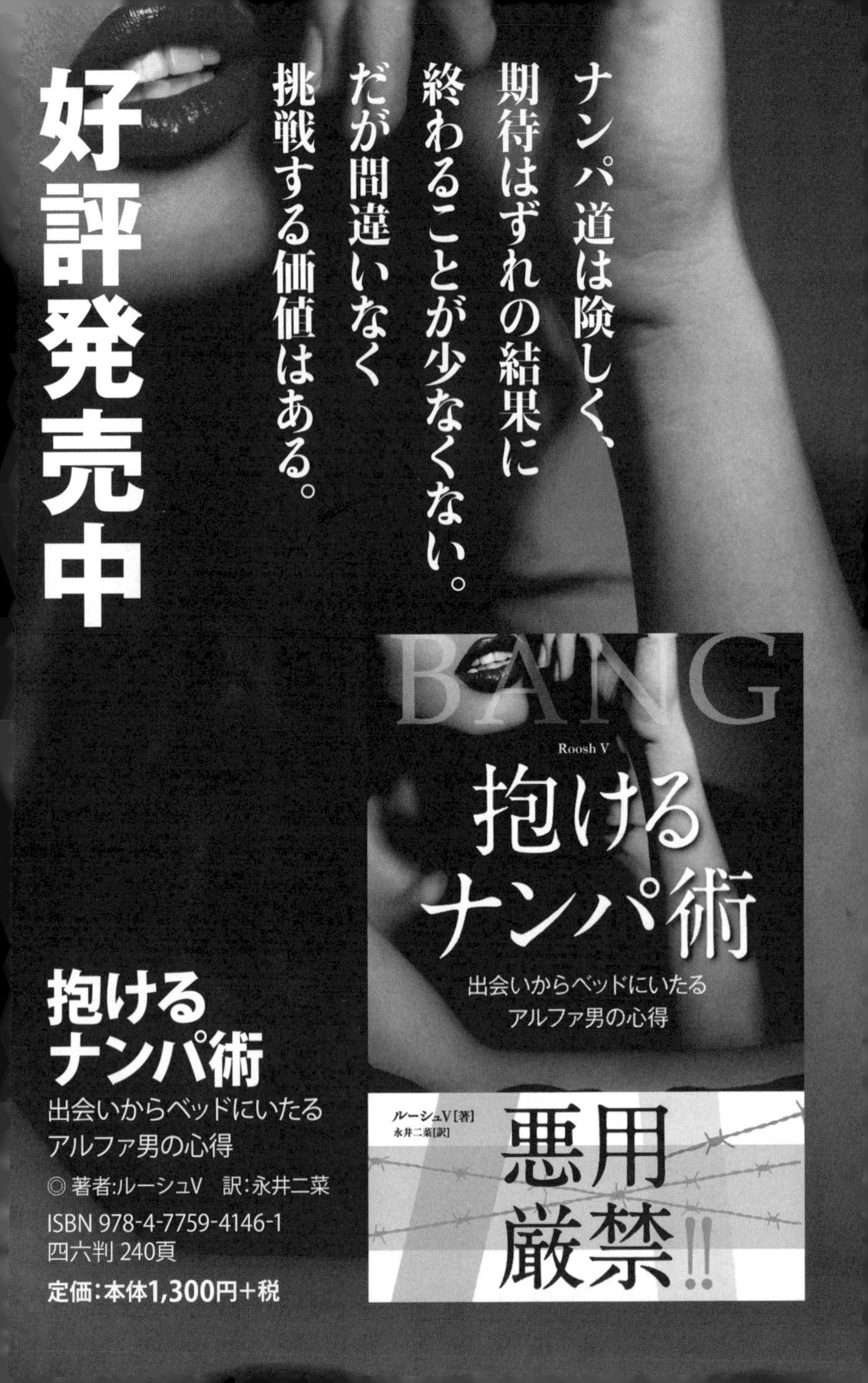
ナンパ道は険しく、
期待はずれの結果に
終わることが少なくない。
だが間違いなく
挑戦する価値はある。
好評発売中
BANG
Roosh V
抱けるナンパ術
出会いからベッドにいたる
アルファ男の心得
ルーシュV［著］
永井二菜［訳］
悪用厳禁!!
抱けるナンパ術
出会いからベッドにいたる
アルファ男の心得
◎ 著者:ルーシュV　訳:永井二菜
ISBN 978-4-7759-4146-1
四六判 240頁
定価:本体1,300円+税